भारत के महान स्वतंत्रता सेनानी

(भारत के प्रख्यात महापुरुष, महान स्वतंत्रता सेनानी)

भारत के महान स्वतंत्रता सेनानी

(भारत के प्रख्यात महापुरुष, महान स्वतंत्रता सेनानी)

डॉ. राकेश 'चक्र'

जीएस पब्लिशर डिस्ट्रीब्यूटर्स

भारत के महान स्वतंत्रता सेनानी

डॉ. राकेश 'चक्र'

प्रथम संस्करण 2023

प्रकाशक
जीएस पब्लिशर, डिस्ट्रब्यूटर्स
एफ–7, गली नं. 1,
पंचशील गार्डन एक्स.,
नवीन शाहदरा, दिल्ली-110032
मोबाईल : 09971733123

प्रिंटिंग : लक्ष्मी ऑफसेट, दिल्ली

टाइपसेटिंग : मनीष कुमार सिन्हा

PRICE : 325.00

ISBN : 978-93-88244-91-6

समाज के प्रेरणास्रोत महान नायक मेरी दृष्टि में

समाज, देश और विश्व के विभिन्न क्षेत्रों में अपने तप, त्याग, सत्यता और पुरुषार्थ के बल पर ख्यातिप्राप्त महान नेताओं, वैज्ञानिकों, स्वतंत्रता सेनानियों, संतों, खिलाड़ियों, साहित्यकारों आदि का जीवन हम सबके लिए प्रेरणास्रोत बनकर नूतन राह दिखाएगा। विशेषकर विद्यार्थियों में देश और समाज के लिए कुछ अच्छा करने की प्रेरणा, उमंग और उत्साह से भर देगा। ऐसा मेरा आत्मविश्वास है।

मनुष्य तो वही श्रेष्ठ हैं जो समाज और राष्ट्र के नव निर्माण में, बुराइयों को मिटाने में , नवाचार और विश्व में गौरव बढ़ाने में अपना जीवन अर्पित और समर्पित कर देता है।

मैंने ऐसे ही प्रेरणास्रोत महान नायकों पर सामिग्री संग्रह करने का प्रयास किया है, जिन्होंने अपना सम्पूर्ण जीवन परमार्थ और देश के लिए समर्पित कर गौरव बढ़ाया, चाहे उनमें महान नेता हों, महान संत हों, महान वैज्ञानिक हों, महान खिलाड़ी हों या साहित्यकार या अन्य महापुरुष हों, उनका समाज के लिए किया गया महत्त्वपूर्ण योगदान सदा सर्वदा स्मरण किया जाता रहेगा।

ऐसे अनेकानेक महान नायकों के जीवनी आलेखों को पढ़कर हम भी अपने जीवन को सफल और सार्थक कर सकते हैं। विशेषकर विद्यार्थियों के लिए यह पुस्तक बहुत ही उपयोगी और सार्थक सिद्ध होगी, क्योंकि इसमें उन जीवन आलेखों को सम्मिलित किया गया है, जिन्होंने देश और समाज के लिए अपने - अपने क्षेत्रों में विशेष कार्यों को कर उपलब्धि और ख्याति प्राप्त की है।

मैं भी ऐसे महा नायकों से प्रेरणा लेकर जीवन को सार्थक करने प्रयास करता रहता हूँ। जितना भी ऊर्जा ईश्वर ने मुझे दी है उसका उपयोग सकारात्मक सोच और अच्छे कार्यों में अर्पित और समर्पित करता हूँ। बस यही भावना सदैव बनी रहती है कि कुछ उपकार ही करूँ, अपकार किसी का न करूँ।

मुझे आशा ही नहीं, बल्कि पूर्ण विश्वास है कि आप भी ऐसे सुविख्यात महा

नायकों से प्रेरणा लेकर अपने जीवन को धन्य कर रुचि के अनुकूल आगे - आगे बढ़ते रहेंगे। क्योंकि जीवन ही चलने का नाम है , जिस तरह नदी अपना लक्ष्य लेकर आगे बढ़ती है। आप भी आगे - आगे बढ़ते चलें, उन्नति करें।

माँ सरस्वती जी, अपने पूज्य माताजी - पिताजी का आशीर्वाद प्राप्त कर इस उपयोगी पुस्तक को सभी प्रिय शुभचिंतकों को सादर समर्पित कर रहा हूँ।

आप सबके उत्तम स्वास्थ्य की कामना के साथ।

आपका मित्र -

-डॉ. राकेश 'चक्र'
90 बी, शिवपुरी
मुरादाबाद 244001, उ.प्र.
9456201857
Rakeshchakra00@gmail.com, यूट्यूब चैनल योग साहित्य संस्कृति।

अनुक्रम

1

लौहपुरुष सरदार वल्लभभाई पटेल

प्यारे बच्चो आपको लौहपुरुष सरदार वल्लभ भाई पटेल जी का जीवन परिचय कराते हैं।

भारत के महान स्वतंत्रता संग्राम सेनानी, राजनीतिज्ञ का पूरा नाम वल्लभभाई झावेरभाई पटेल था, जो सरदार पटेल के नाम से लोकप्रिय थे, साथ ही वे एक सुविख्यात भारतीय राजनीतिज्ञ थे। उन्होंने भारत के पहले उप-प्रधानमंत्री के रूप में कार्य किया। वे एक भारतीय अधिवक्ता और राजनेता थे, जो भारतीय राष्ट्रीय कांग्रेस के एक वरिष्ठ नेता और भारतीय गणराज्य के संस्थापक पिता थे। जिन्होंने स्वतंत्रता के लिए देश के संघर्ष में अग्रणी भूमिका निभाई और एक एकीकृत, स्वतंत्र राष्ट्र में अपने एकीकरण का मार्गदर्शन किया। भारत और अन्य जगहों पर, उन्हें अक्सर हिंदी, उर्दू और फ़ारसी में सरदार कहा जाता था, जिसका अर्थ है ष्प्रमुखष। उन्होंने भारत के राजनीतिक एकीकरण और 1947 के भारत-पाकिस्तान युद्ध के दौरान गृह मंत्री के रूप में कार्य किया।'

सरदार वल्लभ भाई पटेल का जन्म 31 अक्टूबर 1875, में नडियाद, गुजरात में एक लेवा पटेल(पाटीदार) जाति में हुआ था। वे झवेरभाई पटेल एवं लाडबा देवी की चौथी संतान थे। सोमाभाई, नरसीभाई और विट्ठलभाई उनके अग्रज थे। उनकी शिक्षा मुख्यतः स्वाध्याय से ही हुई। लन्दन जाकर उन्होंने बैरिस्टर की पढाई की और वापस आकर अहमदाबाद में वकालत करने लगे। महात्मा गांधी के विचारों से प्रेरित होकर उन्होने भारत के स्वतन्त्रता आन्दोलन में भाग लिया।

स्वतन्त्रता आन्दोलन में सरदार पटेल का सबसे पहला और बड़ा योगदान 1918 में खेडा संघर्ष में हुआ। गुजरात का खेडा खण्ड (डिविजन) उन दिनों भयंकर सूखे की चपेट में था। किसानों ने अंग्रेज सरकार से भारी कर में छूट की माँग की। जब यह स्वीकार नहीं किया गया तो सरदार पटेल, गांधीजी एवं अन्य लोगों ने किसानों का नेतृत्व किया और उन्हे कर न देने के लिये प्रेरित किया। अन्त में सरकार झुकी और उस वर्ष करों में राहत दी गयी। यह सरदार पटेल की पहली सफलता थी।

बारडोली सत्याग्रह, भारतीय स्वाधीनता संग्राम के दौरान वर्ष 1928 में गुजरात में हुआ एक प्रमुख किसान आंदोलन था, जिसका नेतृत्व वल्लभभाई पटेल ने किया। उस समय प्रांतीय सरकार ने किसानों के लगान में तीस प्रतिशत तक की वृद्धि कर दी थी। पटेल ने इस लगान वृद्धि का जमकर विरोध किया। सरकार ने इस सत्याग्रह आंदोलन को कुचलने के लिए कठोर कदम उठाए, पर अंततः विवश होकर उसे किसानों की माँगों को मानना पड़ा। एक न्यायिक अधिकारी ब्लूमफील्ड और एक राजस्व अधिकारी मैक्सवेल ने संपूर्ण मामलों की जांच कर 22 प्रतिशत लगान वृद्धि को गलत ठहराते हुए इसे घटाकर 6.03 प्रतिशत कर दिया।

इस सत्याग्रह आंदोलन के सफल होने के बाद वहाँ की महिलाओं ने वल्लभभाई पटेल को 'सरदार' की उपाधि प्रदान की। किसान संघर्ष एवं राष्ट्रीय स्वाधीनता संग्राम के अंर्तसबंधों की व्याख्या बारडोली किसान संघर्ष के संदर्भ में करते हुए गांधीजी ने कहा कि इस तरह का हर संघर्ष, हर कोशिश हमें स्वराज के करीब पहुंचा रही है और हम सबको स्वराज की मंजिल तक पहुंचाने में ये संघर्ष सीधे स्वराज के लिए संघर्ष से कहीं ज्यादा सहायक सिद्ध हो सकते हैं।

यद्यपि अधिकांश प्रान्तीय कांग्रेस समितियाँ पटेल के पक्ष में थीं, गांधी जी की इच्छा का आदर करते हुए पटेल जी ने प्रधानमंत्री पद की दौड से अपने को दूर रखा और इसके लिये नेहरू का समर्थन किया। उन्हे उपप्रधान मंत्री एवं गृह मंत्री का कार्य सौंपा गया। किन्तु इसके बाद भी नेहरू और पटेल के सम्बन्ध तनावपूर्ण ही रहे। इसके चलते कई अवसरों पर दोनों ने ही अपने पद का त्याग करने की धमकी दे दी थी।

गृह मंत्री के रूप में उनकी पहली प्राथमिकता देसी रियासतों (राज्यों) को भारत में मिलाना था। इसको उन्होंने बिना कोई खून बहाये सम्पादित कर दिखाया। केवल हैदराबाद स्टेट के आपरेशन पोलो के लिये उनको सेना भेजनी पडी। भारत के एकीकरण में उनके महान योगदान के लिये उन्हें भारत का 'लौह पुरूष' के रूप में जाना जाता है। उनका देहाँत 15 दिसम्बर सन 1950 में हो गया। इसके बाद नेहरू का कांग्रेस के अन्दर बहुत कम विरोध शेष रहा।

भारत का राजनीतिक एकीकरण स्वतंत्रता के समय भारत में 562 देसी रियासतें थीं। इनका क्षेत्रफल भारत का 40 प्रतिशत था। सरदार पटेल ने आजादी के ठीक पूर्व (संक्रमण काल में) ही वीपी मेनन के साथ मिलकर कई देसी राज्यों को भारत में मिलाने के लिये कार्य आरम्भ कर दिया था। पटेल और मेनन ने देसी राजाओं को बहुत समझाया कि उन्हें स्वायत्तता देना सम्भव नहीं होगा। इसके परिणामस्वरूप तीन को छोडकर शेष सभी राजवाडों ने स्वेच्छा से भारत में विलय का प्रस्ताव स्वीकार कर लिया। केवल जम्मू एवं कश्मीर, जूनागढ तथा हैदराबाद स्टेट के राजाओं ने ऐसा करना नहीं स्वीकारा। जूनागढ सौराष्ट्र के पास एक छोटी रियासत थी और चारों ओर से भारतीय भूमि से घिरी थी। वह पाकिस्तान के समीप नहीं थी। वहाँ के नवाब ने 15 अगस्त 1947 को पाकिस्तान में विलय की

घोषणा कर दी। राज्य की सर्वाधिक जनता हिंदू थी और भारत विलय चाहती थी। नवाब के विरुद्ध बहुत विरोध हुआ तो भारतीय सेना जूनागढ़ में प्रवेश कर गयी। नवाब भागकर पाकिस्तान चला गया और 9 नवम्बर 1947 को जूनागढ भी भारत में मिल गया। फरवरी 1948 में वहाँ जनमत संग्रह कराया गया, जो भारत में विलय के पक्ष में रहा। हैदराबाद भारत की सबसे बड़ी रियासत थी, जो चारों ओर से भारतीय भूमि से घिरी थी। वहाँ के निजाम ने पाकिस्तान के प्रोत्साहन से स्वतंत्र राज्य का दावा किया और अपनी सेना बढ़ाने लगा। वह ढेर सारे हथियार आयात करता रहा। पटेल चिंतित हो उठे। अन्ततः भारतीय सेना 13 सितंबर 1948 को हैदराबाद में प्रवेश कर गयी। तीन दिनों के बाद निजाम ने आत्मसमर्पण कर दिया और नवंबर 1948 में भारत में विलय का प्रस्ताव स्वीकार कर लिया। नेहरू ने कश्मीर को यह कहकर अपने पास रख लिया कि यह समस्या एक अन्तरराष्ट्रीय समस्या है। कश्मीर समस्या को संयुक्त राष्ट्रसंघ में ले गये और अलगाववादी ताकतों के कारण कश्मीर की समस्या दिनोदिन बढ़ती गयी। 5 अगस्त 2019 को प्रधानमंत्री मोदीजी और गृहमंत्री अमित शाह जी के प्रयास से कश्मीर को विशेष राज्य का दर्जा देने वाला अनुच्छेद 370 और 35(अ) समाप्त हुआ। कश्मीर भारत का अभिन्न अंग बन गया और सरदार पटेल का भारत को अखण्ड बनाने का स्वप्न साकार हुआ। 31 अक्टूबर 2019 को जम्मू-कश्मीर तथा लद्दाख के रूप में दो केन्द्र शासित प्रेदश अस्तित्व में आये। अब जम्मू-कश्मीर केन्द्र के अधीन रहेगा और भारत के सभी कानून वहाँ लागू होंगे। पटेल जी को कृतज्ञ राष्ट्र की यह सच्ची श्रद्धांजलि है।

स्वतंत्र भारत के प्रथम प्रधानमंत्री पं. नेहरू व प्रथम उप प्रधानमंत्री सरदार पटेल में आकाश-पाताल का अंतर था। यद्यपि दोनों ने इंग्लैण्ड जाकर बैरिस्टरी की डिग्री प्राप्त की थी, परंतु सरदार

पटेल वकालत में पं॰ नेहरू से बहुत आगे थे तथा उन्होंने सम्पूर्ण ब्रिटिश साम्राज्य के विद्यार्थियों में सर्वप्रथम स्थान प्राप्त किया था। नेहरू प्रायः सोचते रहते थे, सरदार पटेल उसे कर डालते थे। नेहरू शास्त्रों के ज्ञाता थे, पटेल शस्त्रों के पुजारी थे। पटेल ने भी ऊँची शिक्षा पाई थी परंतु उनमें किंचित भी अहंकार नहीं था। वे स्वयं कहा करते थे, 'मैंने कला या विज्ञान के विशाल गगन में ऊँची उड़ानें नहीं भरीं। मेरा विकास कच्ची झोपड़ियों में गरीब किसान के खेतों की भूमि और शहरों के गंदे मकानों में हुआ है।' पं॰ नेहरू को गाँव की गंदगी, तथा जीवन से चिढ़ थी। पं॰ नेहरू अन्तरराष्ट्रीय ख्याति के इच्छुक थे तथा समाजवादी प्रधानमंत्री बनना चाहते थे।

देश की स्वतंत्रता के पश्चात सरदार पटेल उप प्रधानमंत्री के साथ प्रथम गृह, सूचना तथा रियासत विभाग के मंत्री भी थे। सरदार पटेल की महानतम देन थी 562 छोटी-बड़ी रियासतों का भारतीय संघ में विलीनीकरण करके भारतीय एकता का निर्माण करना। विश्व के इतिहास में एक भी व्यक्ति ऐसा न हुआ जिसने इतनी बड़ी संख्या में राज्यों का एकीकरण करने का साहस किया हो। 5 जुलाई 1947 को एक रियासत विभाग की स्थापना की गई थी। एक बार उन्होंने सुना कि बस्तर की रियासत में कच्चे सोने का बड़ा भारी क्षेत्र है और इस भूमि को दीर्घकालिक पट्टे पर हैदराबाद की निजाम सरकार खरीदना चाहती है। उसी दिन वे परेशान हो उठे। उन्होंने अपना एक थैला उठाया, वी.पी. मेनन को साथ लिया और चल पड़े। वे उड़ीसा पहुँचे, वहाँ के 23 राजाओं से कहा, कुएँ के मेढक मत बनो, महासागर में आ जाओ।' उड़ीसा के लोगों की सदियों पुरानी इच्छा कुछ ही घंटों में पूरी हो गई। फिर नागपुर पहुँचे, यहाँ के 38 राजाओं से मिले। इन्हें सैल्यूट स्टेट कहा जाता था, यानी जब कोई इनसे मिलने जाता तो तोप छोड़कर सलामी दी जाती थी। पटेल ने इन राज्यों की बादशाहत

को आखिरी सलामी दी। इसी तरह वे काठियावाड़ पहुँचे। वहाँ 250 रियासतें थी। कुछ तो केवल 20-20 गाँव की रियासतें थीं। सबका एकीकरण किया। एक शाम मुम्बई पहुँचे। आसपास के राजाओं से बातचीत की और उनकी राजसत्ता अपने थैले में डालकर चल दिए। पटेल पंजाब गये। पटियाला का खजाना देखा तो खाली था। फरीदकोट के राजा ने कुछ आनाकानी की। सरदार पटेल ने फरीदकोट के नक्शे पर अपनी लाल पैंसिल घुमाते हुए केवल इतना पूछा कि ष्क्या मर्जी है?' सुनते ही राजा काँप उठा। आखिर 15 अगस्त 1947

तक केवल तीन रियासतें-कश्मीर, जूनागढ़ और हैदराबाद छोड़कर उस लौह पुरुष ने सभी रियासतों को भारत में मिला दिया। इन तीन रियासतों में भी जूनागढ़ को 9 नवम्बर 1947 को मिला लिया गया तथा जूनागढ़ का नवाब पाकिस्तान भाग गया। 13 नवम्बर को सरदार पटेल ने सोमनाथ के भग्न मंदिर के पुनर्निर्माण का संकल्प लिया, जो पंडित नेहरू के तीव्र विरोध के पश्चात भी बना। 1948 में हैदराबाद भी केवल 4 दिन की पुलिस कार्रवाई द्वारा मिला लिया गया। न कोई बम चला, न कोई क्रांति हुई, जैसा कि डराया जा रहा था।

जहाँ तक कश्मीर रियासत का प्रश्न है इसे पंडित नेहरू ने स्वयं अपने अधिकार में लिया हुआ था, परंतु यह सत्य है कि सरदार पटेल कश्मीर में जनमत संग्रह तथा कश्मीर के मुद्दे को संयुक्त राष्ट्र संघ में ले जाने पर बेहद क्षुब्ध थे। निःसंदेह सरदार पटेल द्वारा यह 562 रियासतों का एकीकरण विश्व इतिहास का एक आश्चर्य था। भारत की यह रक्तहीन क्रांति थी। महात्मा गांधी ने सरदार पटेल को इन रियासतों के बारे में लिखा था, 'इन रियासतों की समस्या इतनी जटिल थी जिसे केवल तुम ही हल कर सकते थे।'

यद्यपि विदेश विभाग पं॰ नेहरू का कार्यक्षेत्र था, परंतु कई बार उप प्रधानमंत्री होने के नाते कैबिनेट की विदेश विभाग समिति में उनका जाना होता था। उनकी दूरदर्शिता का लाभ यदि उस समय लिया जाता तो अनेक वर्तमान समस्याओं का जन्म न होता। 1950 में पंडित नेहरू को लिखे एक पत्र में पटेल ने चीन तथा उसकी तिब्बत के प्रति नीति से सावधान किया था और चीन का रवैया कपटपूर्ण तथा विश्वासघाती बतलाया था। अपने पत्र में चीन को अपना दुश्मन, उसके व्यवहार को अभद्रतापूर्ण और चीन के पत्रों की भाषा को किसी दोस्त की नहीं, भावी शत्रु की भाषा कहा था। उन्होंने यह भी लिखा था कि तिब्बत पर चीन का कब्जा नई समस्याओं को जन्म देगा।

1950 में नेपाल के संदर्भ में लिखे पत्रों से भी पं॰ नेहरू सहमत न थे। 1950 में ही गोवा की स्वतंत्रता के संबंध में चली दो घंटे की कैबिनेट बैठक में लम्बी वार्ता सुनने के पश्चात सरदार पटेल ने केवल इतना कहा ष्क्या हम गोवा जाएंगे, केवल दो घंटे की बात है।' नेहरू इससे बहुत नाराज हुए थे। यदि पटेल की बात मानी गई होती तो 1961 तक गोवा की स्वतंत्रता की प्रतीक्षा न करनी पड़ती।

गृहमंत्री के रूप में वे पहले व्यक्ति थे, जिन्होंने भारतीय नागरिक सेवाओं (आई.सी.एस.) का भारतीयकरण कर इन्हें भारतीय प्रशासनिक सेवाएं (आई.ए.एस॰) बनाया। अंग्रेजों की सेवा करने वालों में विश्वास भरकर उन्हें राजभक्ति से देशभक्ति की ओर मोड़ा। यदि सरदार पटेल कुछ वर्ष जीवित रहते तो संभवतः नौकरशाही का पूर्ण कायाकल्प हो जाता।

सरदार पटेल जहाँ पाकिस्तान की छद्म व चालाकी पूर्ण चालों से सतर्क थे, वहीं देश के विघटनकारी तत्वों से भी सावधान करते थे। विशेषकर वे भारत में मुस्लिम लीग तथा कम्युनिस्टों की विभेदकारी तथा रूस के प्रति उनकी भक्ति से सजग थे। अनेक विद्वानों का कथन है कि सरदार पटेल बिस्मार्क की तरह थे। लेकिन लंदन के टाइम्स ने लिखा था कि बिस्मार्क की सफलताएं पटेल के सामने महत्त्वहीन रह जाती हैं। यदि पटेल के कहने पर चलते तो कश्मीर, चीन, तिब्बत व नेपाल के हालात आज जैसे न होते। पटेल सही मायनों में मनु के शासन की कल्पना थे। उनमें कौटिल्य की कूटनीतिज्ञता तथा महाराज शिवाजी की दूरदर्शिता थी। वे केवल सरदार ही नहीं, बल्कि भारतीयों के हृदय के सरदार थे।

अहमदाबाद के हवाई अड्डे का नामकरण सरदार वल्लभभाई पटेल अंतर्राष्ट्रीय विमानक्षेत्र रखा गया है।

गुजरात के वल्लभ विद्यानगर में सरदार पटेल विश्वविद्यालय भी

स्थापित है।

सरदार पटेल जी को सन 1991 में मरणोपरान्त भारत रत्न से सम्मानित किया गया।

उन्हीं की स्मृति में गुजरात प्रान्त में स्टैच्यू ऑफ यूनिटी भव्य प्रतिमा का निर्माण किया गया है।

इसकी ऊँचाई 240 मीटर है, जिसमें 58 मीटर का आधार है। मूर्ति की ऊँचाई 182 मीटर है, जो स्टेच्यू ऑफ लिबर्टी से लगभग दोगुनी ऊँची है। 31 अक्टूबर 2013 को सरदार वल्लभ भाई पटेल की 137वीं जयंती के मौके पर गुजरात के तत्कालीन मुख्यमंत्री नरेन्द्र मोदी ने गुजरात के नर्मदा जिले में सरदार वल्लभ भाई पटेल के एक नए स्मारक का शिलान्यास किया। यहाँ लौह से निर्मित सरदार वल्लभ भाई पटेल की एक विशाल प्रतिमा लगाने का निश्चय किया गया, अतः इस स्मारक का नाम एकता की मूर्ति (स्टैच्यू ऑफ यूनिटी) रखा गया। प्रस्तावित प्रतिमा को एक छोटे चट्टानी द्वीप साधू बैट पर स्थापित किया गया है जो केवाडिया में सरदार सरोवर बाँध के सामने नर्मदा नदी के बीच स्थित है।

प्यारे बच्चो उन्हीं की स्मृति में 2018 में तैयार इस प्रतिमा को प्रधानमंत्री मोदी जी ने 31 अक्टूबर 2018 को राष्ट्र को समर्पित किया। यह प्रतिमा 5 वर्षों में लगभग 3000 करोड़ रुपये की लागत से तैयार हुई।

हमें भारत के ऐसे यशस्वी महापुरुष से सदा प्रेरणा लेकर आगे बढ़ना चाहिए।

2

भारत के महान क्रांतिकारी, स्वतंत्रता सेनानी, साहित्यकार वीर सावरकर

वीर सावरकर जी का जन्म 28 मई 1883 को नासिक के भगूर गाँव में हुआ। उनके पिता का नाम दामोदर पंत सावरकर था, जो गाँव के प्रतिष्ठित व्यक्तियों में जाने जाते थे। उनकी माता का नाम राधाबाई था। जब विनायक 9 साल के थे, तब ही उनकी माता का देहाँत हो गया था।

उनका पूरा नाम विनायक दामोदर सावरकर था। बचपन से ही वे पढ़ने में होशियार थे। बचपन में उन्होंने कुछ कविताएं भी लिखी थीं। उन्होंने शिवाजी हाईस्कूल, नासिक से 1901 में मैट्रिक की परीक्षा पास की।

महान स्वतंत्रता सेनानी विनायक दामोदर सावरकर के बारे में तो हम सब जानते हैं, लेकिन उनकी पत्नी यमुनाबाई भी एक सच्ची

देशभक्त थीं। जब पति अंडमान में कालापानी की सजा काट रहे थे, इलाज के बिना छोटे से बच्चे की मौत हो गई थी और रोज अंग्रेज परेशान करते रहते थे। ऐसी स्त्री किन कष्टों से गुजर रही होगी, यह हम सोच सकते हैं। लेकिन, फिर भी उन्होंने महिलाओं में देश के लिए स्वाभिमान जगाने का अभियान चलाया।

माता का देहावसान होने के बाद परिवार में एक महिला की जरूरत महसूस हुई तो मात्र 11 वर्षों की उम्र में ही विनायक दामोदर जी के बड़े भाई गणेश सावरकर का विवाह यशोदाबाई से कर दिया गया। उन्हें प्यार से येसुवाहिनी भी कहते थे। पिता की भी मृत्यु हो चुकी थी। ऐसे में दोनों भाइयों ने छोटों को पढ़ाने का उत्तरदायित्व निभाया। भाभी ने वीर सावरकर को मैट्रिक पास कराने के लिए अपने गहने तक बेच दिए। आगे की पढ़ाई के लिए धन नहीं था, ऐसे में जवाहर रियासत के दीवान भाऊराव चिपलूनकर आगे आए।

उन्होंने अपनी बेटी यमुनाईबाई की शादी वीर सावरकर से करने और उनकी उच्च-शिक्षा का उत्तरदायित्व निभाने का प्रस्ताव दिया। विवाह हुआ। चार भाई और सात बहनों में सबसे बड़ी यमुनाबाई सावरकर परिवार में मँझली बहू बन कर आईं। सबसे छोटे नारायण सावरकर का विवाह शांतिबाई से हुआ था। कभी चाँदी की थाली में खाने वाली रईस घराने की यमुनाबाई ने ससुराल आते ही स्वयं को विपरीत वातावरण में ढाल लिया। उन्हें सब प्यार से 'माई' बुलाते थे। सावरकर परिवार की इन तीनों महिलाओं पर 'त्या तिघी' नाम के नाटक का मंचन भी किया जाता है।

'त्या तिघी' में यमुनाबाई का किरदार निभाने वाली पुणे की अभिनेत्री अपर्णा सुरेंद्र चौथे बताती हैं कि माई ने पूरे संयुक्त परिवार को अपना लिया था। सावरकर जब लंदन में संघर्ष कर रहे थे, तब उन्होंने अपने बेटे को चेचक के कारण खो दिया था। पति को

कालापानी ले जाए जाने से पहले मुंबई के डोंगरी जेल में वो उनसे मिली थीं। वीर सावरकर ने तब उनसे कहा था कि तिनके-तीलियाँ बटोर कर बच्चों के पालन-पोषण को कर्तव्य कहते हैं तो ये काम तो पशु-पक्षी भी कर लेते हैं।

शिक्षा और रचित साहित्य - प्रारंभिक शिक्षा गाँव और आसपास से प्राप्ध्त करने के बाद वर्ष 1905 में नासिक से बी.ए. किया।

1 जून, 1906 को वे इंग्लैंड के लिए रवाना हुए। इंडिया हाउस, लंदन में रहते हुए उन्होंने अनेकानेक लेख व कविताएँ लिखीं। 1907 में 1857 का स्वातंत्र्य समर ग्रंथ लिखना शुरू किया। वे प्रथम भारतीय नागरिक हैं जिन पर हेग के अंतरराष्ट्रीय न्यायालय में मुकदमा चलाया गया। प्रथम क्रांतिकारी, जिन्हें ब्रिटिश सरकार द्वारा दो बार आजन्म कारावास की सजा सुनाई गई। प्रथम साहित्यकार, जिन्होंने लेखनी और कागज से वंचित होने पर भी अंडमान जेल की दीवारों पर कीलों, काँटों और यहाँ तक कि नाखूनों से विपुल साहित्य का सृजन किया और ऐसी सहस्रों पंक्तियों को वर्षों तक कंठस्थ कर अपने सहबंदियों (सहपाठियों) द्वारा देशवासियों तक पहुँचाया। वे प्रथम भारतीय लेखक हैं जिनकी पुस्तकें-मुद्रित व प्रकाशित होने से पूर्व ही-दो-दो सरकारों ने जब्त कीं। वे जितने बड़े क्रांतिकारी थे, उतने ही बड़े साहित्यकार भी थे। अंडमान एवं रत्नगिरि की काल कोठरियों में रहकर उन्होंने 'कमला', 'गोमांतक' एवं 'विरहोच्छ्वास' और 'हिंदुत्व', 'हिंदू पदपादशाही', 'उरू श्राप', 'उत्तरक्रिया', 'संन्यस्त खड्ग' आदि ग्रंथ लिखे।

आजादी के लिए काम करने के लिए उन्होंने एक गुप्त सोसायटी बनाई थी, जो 'मित्र मेला' के नाम से जानी गई। फर्ग्युसन कॉलेज, पुणे में पढ़ने के दौरान भी वे राष्ट्रभक्ति से ओत-प्रोत ओजस्वी भाषण देते थे।

सावरकर के प्रमुख कार्य, एक दृष्टि में इस प्रकार हैं—

सावरकर भारत के पहले व्यक्ति थे, जिन्होंने ब्रिटिश साम्राज्य के केन्द्र लन्दन में उसके विरुद्ध क्रांतिकारी आन्दोलन संगठित किया।

वे भारत के पहले व्यक्ति थे जिन्होंने सन् 1905 के बंग-भंग के बाद सन् 1906 में 'स्वदेशी' का नारा दिया और विदेशी कपड़ों की

होली जलाई।

वे भारत के पहले व्यक्ति थे, जिन्हें अपने विचारों के कारण बैरिस्टर की डिग्री खोनी पड़ी।

वे पहले भारतीय थे जिन्होंने 'पूर्ण स्वतन्त्रता' की माँग की।

वे भारत के पहले व्यक्ति थे जिन्होंने सन् 1857 की लड़ाई को 'भारत का प्रथम स्वाधीनता संग्राम' बताते हुए 1907 में लगभग एक हजार पृष्ठों का इतिहास लिखा।

वे भारत के पहले और दुनिया के एकमात्र लेखक थे, जिनकी पुस्तक को प्रकाशित होने के पहले ही ब्रिटिश साम्राज्य की सरकारों ने प्रतिबन्धित कर दिया था।

वे दुनिया के पहले राजनीतिक कैदी थे, जिनका मामला हेग के अन्तरराष्ट्रीय न्यायालय में चला था।

वे पहले भारतीय राजनीतिक कैदी थे जिसने एक अछूत को मन्दिर का पुजारी बनाया था।

वे गाय को एक 'उपयोगी पशु' कहते थे।

उन्होंने बौद्ध धर्म द्वारा सिखायी गयी 'अतिरेकी अहिंसा' की आलोचना करते हुए केसरी में 'बौद्धों की अतिरेकी अहिंसा का शिरच्छेद' नाम से शृंखलाबद्ध लेख लिखे थे।

सावरकर जी महात्मा गांधी के कटु आलोचक थे। उन्होंने अंग्रेजों द्वारा द्वितीय विश्वयुद्ध के समय जर्मनी के विरुद्ध हिंसा को गांधीजी द्वारा समर्थन किए जाने को पाखण्ड करार दिया।

सावरकर ने अपने ग्रन्थ 'हिन्दुत्व' के पृष्ठ 81 पर लिखा है कि कोई भी व्यक्ति बगैर वेद में विश्वास किए भी सच्चा हिन्दू हो सकता है। उनके अनुसार केवल जातीय सम्बन्ध या पहचान हिन्दुत्व को परिभाषित नहीं कर सकता है बल्कि किसी भी राष्ट्र की पहचान के तीन आधार होते हैं—भौगोलिक एकता, जातीय गुण और साझा संस्कृति।

जब भीमराव आम्बेडकर ने बौद्ध धर्म स्वीकार कर लिया, तब सावरकर ने कहा था, 'अब जाकर वे सच्चे हिन्दू बने हैं।'

सावरकर ने ही वह पहला भारतीय झंडा बनाया था, जिसे जर्मनी में 1907 की अंतर्राष्ट्रीय सोशलिस्ट कांग्रेस में मैडम कामा ने फहराया था।

वे प्रथम क्रान्तिकारी थे, जिन पर स्वतंत्र भारत की सरकार ने

झूठा मुकदमा चलाया और बाद में उनके निर्दोष साबित होने पर उनसे माफी माँगी।

सावरकर ने भारत की आज की सभी राष्ट्रीय सुरक्षा सम्बन्धी समस्याओं को बहुत पहले ही भाँप लिया था। 1962 में चीन द्वारा भारत पर आक्रमण करने के लगभग दस वर्ष पहले ही कह दिया था कि चीन भारत पर आक्रमण करने वाला है।

भारत के स्वतंत्र हो जाने के बाद गोवा की मुक्ति की आवाज सबसे पहले सावरकर ने ही उठायी थी।

तिलक की अनुशंसा पर 1906 में उन्हें श्यामजी कृष्ण वर्मा छात्रवृत्ति मिली। 'इंडियन सोसियोलॉजिस्ट' और 'तलवार' में उन्होंने अनेक लेख लिखे, जो बाद में कोलकाता के 'युगांतर' में भी छपे।

वे रूसी क्रांतिकारियों से ज्यादा प्रभावित थे। लंदन में रहने के दौरान सावरकर की मुलाकात लाला हरदयाल से हुई। लंदन में वे इंडिया हाउस की देखरेख भी करते थे। मदनलाल धींगरा को फाँसी दिए जाने के बाद उन्होंने 'लंदन टाइम्स' में भी एक लेख लिखा था। उन्होंने धींगरा के लिखित बयान के पर्चे भी बाँटे थे।

1909 में लिखी पुस्तक 'द इंडियन वॉर ऑफ इंडिपेंडेंस-1857' में सावरकर ने इस लड़ाई को ब्रिटिश सरकार के खिलाफ आजादी की पहली लड़ाई घोषित किया।

वीर सावरकर 1911 से 1921 तक अंडमान जेल में रहे। सावरकर को जेल में जिस कमरे में रखा गया था, उसमें रोशनी अंदर आने के लिए एक छोटा-सा कीहोल भी नहीं था। हालांकि, उस कमरे में बुलबुल पक्षी कहीं से आ जाते थे। जिनके पंखों पर बैठकर सावरकर रोजाना अपने देश का भ्रमण करते थे।

1921 में वे स्वदेश लौटे और पुनः 3 साल तक कारावास भोगना पड़ा। उन्होंने जेल में 'हिन्दुत्व' पर शोध ग्रंथ लिखा। 1937 में वे हिन्दू

महासभा के अध्यक्ष चुने गए। 1943 के बाद वे दादर, मुंबई में रहे।

9 अक्टूबर 1942 को भारत की स्वतंत्रता के लिए चर्चिल को समुद्री तार भेजा और आजीवन अखंड भारत के पक्षधर रहे। आजादी के माध्यमों के बारे में गांधीजी और सावरकर का नजरिया अलग-अलग था।

वीर सावरकर विश्वभर के क्रांतिकारियों में अद्वितीय थे। उनका नाम ही भारतीय क्रांतिकारियों के लिए महत्त्वपूर्ण संदेश था। वे एक महान क्रांतिकारी, इतिहासकार, समाज सुधारक, विचारक, चिंतक, साहित्यकार थे। उनकी पुस्तकें क्रांतिकारियों के लिए गीता के समान थीं। उनका जीवन बहुआयामी था।

भारत के इस महान क्रांतिकारी का 26 फरवरी 1966 को निधन हुआ। उनका संपूर्ण जीवन स्वराज्य की प्राप्ति के लिए संघर्ष करते हुए ही बीता। वीर सावरकर भारतीय स्वतंत्रता आंदोलन के अग्रिम पंक्ति के सेनानी एवं प्रखर राष्ट्रवादी नेता थे।

ऐसे महान क्रांतिकारी हम सभी भारतीयों के लिए प्रेरणास्रोत हैं। उनको शत- शत-नमन।

●

3

महान संत, समाज सुधारक, स्वतंत्रता सेनानी आचार्य विनोबा भावे जी

उनकी जीवन पद्धति को जानने के लिए इन पंक्तियों के साथ प्रारंभ करते हैं—

संत विनोबा के जीवन को
मेरा है सौ बार नमन।
देश की खातिर अमर हो गए
जीवन पूरा किया हवन।।

आचार्य विनोबा भावे जी महान संत, समाज सुधारक, स्वतंत्रता सेनानी और गांधीजी के कट्टर अनुयायी थे। गांधी के अहिंसा और सबके लिए समानता के सिद्धांत के पक्के पुजारी थे। उनका सबसे महत्त्वपूर्ण कार्य भूदान आंदोलन था, जिसकी विश्व स्तर पर बहुत प्रशंसा की गई।

उन्होंने अपना जीवन गरीबों और दबे-कुचले वर्ग के लिए न्याय दिलवाने को समर्पित किया तथा उन लोगों के अधिकारों के लिए खड़े हुए।

आपका जन्म 11 सितंबर, 1895 को महाराष्ट्र के कोलाबा जिले के गागोड गाँव में हुआ था। उनके बचपन का नाम विनायक नरहरि भावे था। उनके पिता का नाम नरहरि शम्भू राव और माता का नाम रुक्मिणी देवी था। उनके तीन भाई और एक बहन थीं। उनकी माता रुक्मिणी काफी धार्मिक स्वाभाव वाली महिला थीं। अध्यात्म के रास्ते पर चलने की प्रेरणा उनको अपनी माँ से ही मिली थी।

छात्र जीवन में विनोबा जी को गणित में काफी रुचि थी। काफी कम उम्र में ही भगवद गीता के अध्ययन के बाद उनके अंदर अध्यात्म की ओर रुझान उत्पन्न हो गया था। वैसे विनोबा भावे जी मेधावी छात्र थे, लेकिन परंपरागत शिक्षा में उनको विशेष आकर्षण नहीं दिखा। उन्होंने सामाजिक जीवन को त्याग कर हिमालय में जाकर संत बनने का फैसला कर लिया।

बाद में उन्होंने स्वतंत्रता संग्राम में सम्मिलित होने का निर्णय किया। उन्होंने इस सिलसिले में देश के कोने-कोने की यात्रा करनी शुरू कर दी। इस दौरान वे क्षेत्रीय भाषा सीखते जाते और साथ ही शास्त्रों एवं संस्कृत का ज्ञान भी हासिल करते रहते।

उनकी भारत भ्रमण की यात्रा ने बनारस जैसे पवित्र शहर में जाकर एक नया मोड़ ले लिया। वहाँ उनको गांधीजी का वे भाषण मिल गया, जो उन्होंने बनारस हिंदू विश्विद्यालय में दिया था। उसे

पढ़कर उनकी जिंदगी में बहुत बड़ा बदलाव आ गया।

1916 में जब वे इंटरमीडिएट की परीक्षा मुंबई देने जा रहे थे तो उन्होंने रास्ते में ही अपने शिक्षा से संबंधित सभी प्रमाण पत्र जला दिए। उन्होंने गांधीजी से पत्र के माध्यम से संपर्क किया। 20 साल के युवक से गांधीजी काफी प्रभावित हुए और उनको अहमदाबाद स्थित अपने कोचराब आश्रम में आमंत्रित किया।

7 जून, 1916 को विनोबा भावे ने गांधीजी से भेंट की और आश्रम में रहने लगे। उन्होंने आश्रम की सभी तरह की गतिविधियों में हिस्सा लेना प्रारंभ किया और पूर्णतः साधारण जीवन जीने लगे। इस तरह उन्होंने अपना जीवन गांधी के विभिन्न कार्यक्रमों को समर्पित कर दिया। विनोबा नाम उनको आश्रम के सदस्य मामा फाड़के ने दिया था। दरअसल मराठी में विनोबा शब्द किसी को विशेष सम्मान देने के लिए बोला जाता है।

विनोबा भावे जी को महात्मा गांधी के सिद्धांत और विचारधारा ने अत्यंत प्रभावित किया। उन्होंने गांधीजी को अपना राजनीतिक और आध्यात्मिक गुरु बनाने का निर्णय किया तथा गांधीजी के नेतृत्व को स्वीकार किया। जैसे-जैसे समय बीतता गया, वैसे-वैसे विनोबा और गांधीजी के बीच संबंध और मजबूत होते गए। समाज कल्याण की गतिविधियों में उनकी भागीदारी बढ़ती रही। 8 अप्रैल, 1921 को विनोबा वर्धा गए थे। गांधीजी ने उनको वहाँ जाकर गांधी आश्रम का प्रभार संभालने का निर्देश दिया। जब वे वर्धा में रहते थे, उन दिनों उन्होंने मराठी में एक मासिक पत्रिका भी निकाली जिसका नाम था 'महाराष्ट्र धर्म'। पत्रिका में उनके निबंध और उपनिषदों की व्याख्या होती थी। उन्होंने गांधीजी के सभी राजनीतिक कार्यक्रमों बढ़-चढ़कर हिस्सा लिया। वह गांधीजी के सामाजिक विचार जैसे भारतीय नागरिकों और विभिन्न धर्मों के बीच समानता में विश्वास करते थे।

गांधीजी के प्रभाव में विनोबा भावे ने भारत के स्वतंत्रता संग्राम में बढ़-चढ़कर हिस्सा लिया। उन्होंने असहयोग आंदोलन में भी हिस्सा लिया। वे खुद भी चरखा कातते थे और दूसरों से भी ऐसा करने की अपील करते थे।

विनोबा भावे जी की स्वतंत्रता संग्राम में सक्रिय भागीदारी से ब्रिटिश शासन आक्रोशित हो गया। उन पर ब्रिटिश शासन का विरोध करने का आरोप लगा। सरकार ने उनको छह महीने जेल भेज दिया। उनको धुलिया स्थित जेल भेजा गया था जहाँ उन्होंने कैदियों को मराठी में 'भगवद गीता' के विभिन्न विषयों को पढ़ाया। धुलिया जेल में उन्होंने गीता को लेकर जितने भाषण दिए थे, उस सबका संकलन किया गया और बाद में एक पुस्तक प्रकाशित की गई।

साल 1940 तक तो विनोबा भावे को सिर्फ वही लोग जानते थे, जो उनके साथ - साथ रहते थे। 5 अक्टूबर, 1940 को महात्मा गांधी ने उनका परिचय राष्ट्र से कराया। गांधीजी ने एक बयान जारी किया और उनको प्रथम सत्याग्रही बताया।

विनोबा भावे ने सामाजिक बुराइयों जैसे असमानता और गरीबी को खत्म करने के लिए अथक प्रयास किया। गांधीजी ने जो मिसालें कायम की थीं, उससे प्रेरित होकर उन्होंने समाज के दबे-कुचले तबके लिए काम करना शुरू किया। उन्होंने सर्वोदय शब्द को नया आयाम दिया, जिसका अर्थ था सबका विकास।

1950 के दौरान उनके सर्वोदय आंदोलन के तहत कई कार्यक्रमों को लागू किया गया, जिनमें से एक भूदान आंदोलन था।

साल 1951 में वे आंध्र प्रदेश (अब तेलंगाना) के हिंसाग्रत क्षेत्र की यात्रा पर थे। 18 अप्रैल, 1951 को पोचमपल्ली गाँव के हरिजनों ने उनसे भेंट की। उन लोगों ने विनोबा भावे से करीब 80 एकड़ भूमि उपलब्ध कराने का आग्रह किया, ताकि वे लोग अपना जीवन-यापन

कर सकें। विनोबा भावे ने गाँव के जमीनदारों से आगे बढ़कर अपनी जमीन दान करने और हरिजनों को बचाने की अपील की। उनकी अपील का असर एक जमीनदार पर हुआ, जिसने सबको आश्चर्यचकित कर अपनी जमीन दान देने का प्रस्ताव रखा। इस घटना से भारत के

त्याग और अहिंसा के इतिहास में एक नया अध्याय जुड़ गया। यहीं से आचार्य विनोबा भावे का भूदान आंदोलन शुरू हो गया। यह आंदोलन 13 सालों तक चलता रहा। इस दौरान विनोबा ने देश के कोने-कोने का भ्रमण किया। उन्होंने करीब 58,741 किलोमीटर सफर तय किया। इस आंदोलन के माध्यम से वे गरीबों के लिए 44 लाख एकड़ भूमि दान के रूप में हासिल करने में सफल रहे। उन जमीनों में से 13 लाख एकड़ जमीन को भूमिहीन किसानों के बीच बाँट दिया गया। विनोबा भावे के इस आंदोलन की न सिर्फ भारत बल्कि विश्व में भी काफी प्रशंसा हुई।

विनोबा भगवद गीता से काफी प्रभावित थे। उनके विचार और प्रयास इस पवित्र पुस्तक के सिद्धांतों पर आधारित थे। उन्होंने लोगों के बीच सादगी से जीवन गुजारने और चकाचौंध से दूर रहने को बढ़ावा देने के लिए कई आश्रम खोले। उन्होंने 1959 में महिलाओं को आत्मनिर्भर बनाने के मकसद से ब्रह्म विद्या मंदिर की स्थापना की। उन्होंने गोवध पर कड़ा रुख अख्तियार किया। उन्होंने धमकी दी कि जब तक भारत में इस पर रोक नहीं लगाई जाती है, वे भूख हड़ताल पर चले जाएंगे।

उन्होंने अपने जीवन के दौरान कई महत्त्वपूर्ण पुस्तकें लिखीं। अधिकांश पुस्तकें आध्यात्मिक विषयों पर हैं। जिनका मराठी, तेलुगु, गुजराती, कन्नड़, हिंदी, उर्दू, इंग्लिश और संस्कृत समेत कई भाषाओं में अनुवाद हुआ है। उन्होंने संस्कृत में लिखे कई शास्त्रों का सामान्य भाषा में अनुवाद किया। उन्होंने जो पुस्तकें लिखीं हैं,उनमें स्वराज्य शास्त्र, गीता प्रवचन, तीसरी शक्ति विशेष रूप से उल्लेखनीय हैं।

नवंबर 1982 में वे गंभीर रूप से बीमार पड़ गए और उन्होंने अपने जीवन को त्यागने का फैसला लिया। उन्होंने अपने अंतिम दिनों में खाना या दवा लेने से इनकार कर दिया था। आखिरकार 15

नवंबर, 1982 को देश के एक महान समाज सुधारक स्वर्ग सिधार गए।

विनोबा जी को अनेकानेक सम्मान और पुरस्कारों से सम्मानित किया गया। जिसमें प्रमुख हैं सामुदायिक नेतृत्व के लिए 1958 में अंतरराष्ट्रीय रेमन मैग्सेसे पुरस्कार प्रदान किया गया। इस पुरस्कार को पाने वाले वे भारत के प्रथम व्यक्ति थे। रेमन मैग्सेसे पुरस्कार एशिया का सबसे बड़ा सम्मान और गौरव है, जिसे 1957 में स्थापित किया गया था। इसका नाम फिलीपींस के तीसरे राष्ट्रपति रेमन मैग्सेसे के नाम पर रखा गया है।

1983 में मरणोपरांत उनको देश के सर्वोच्च नागरिक सम्मान भारत रत्न से भी सम्मानित किया गया।

ऐसे महान संत, समाज सुधारक, स्वतंत्रता सेनानी का जीवन हम सभी भारत वासियों के लिए प्रेरणा स्रोत है। हमारा शत - शत नमन और वंदन।

●

4

महान समाज सुधारक, शिक्षाविद, स्वतंत्रता सेनानी ईश्वरचन्द्र विद्यासागर जी

किया देश को जीवन अर्पित
सागर थे ईश्वर चन्द्र।
तथा नाम गुण वाली विद्या
साँस - साँस उनकी थी छंद।।

ईश्वर चन्द्र विद्यासागर जी भारत के प्रसिद्ध समाज सुधारक, शिक्षा शास्त्री व स्वाधीनता सेनानी थे। वे गरीबों व दलितों के संरक्षक माने जाते थे। उन्होंने स्त्री-शिक्षा और विधवा विवाह पर अत्यधिक जोर दिया।

ईश्वर चन्द्र विद्यासागर जी का जन्म 26 सितम्बर, 1820 को पश्चिमी मेदि़नीपुर जिला, पश्चिम बंगाल में एक निर्धन धार्मिक परिवार में हुआ था। इनके पिता का नाम ठाकुरदास बन्धोपाध्याय था तथा माता भगवती देवी थीं। इनका बचपन बेहद ग़रीबी में व्यतीत हुआ था। गाँव के स्कूल से ही प्रारम्भिक शिक्षा प्राप्त करने के बाद

छरू वर्ष की आयु में ही ईश्वर चन्द्र जी पिता के साथ कलकत्ता (वर्तमान कोलकाता) आ गये थे। वह कोई भी चीज बहुत जल्दी सीख जाते थे। उत्कृष्ट शैक्षिक प्रदर्शन के कारण उन्हें विभिन्न संस्थानों द्वारा कई छात्रवृत्तियाँ प्रदान की गई थीं। वे उच्चकोटि के विद्वान् थे। उनकी विद्वता के कारण ही उन्हें 'विद्यासागर' की उपाधि दी गई थी।

ईश्वर चन्द्र विद्यासागर जी ने 'मेट्रोपोलिटन विद्यालय' सहित अनेक महिला विद्यालयों की स्थापना करवायी तथा वर्ष 1848 में वैताल पंचविंशति नामक बंगला भाषा की प्रथम गद्य रचना का भी प्रकाशन किया। नैतिक मूल्यों के संरक्षक और शिक्षाविद विद्यासागर जी का मानना था कि अंग्रेजी और संस्कृत भाषा के ज्ञान का समन्वय करके ही भारतीय और पाश्चात्य परंपराओं के श्रेष्ठ को हासिल किया जा सकता है।

अपने परिवार को आर्थिक सहायता प्रदान करने के उद्देश्य से ही ईश्वर चन्द्र विद्यासागर जी ने अध्यापन कार्य प्रारंभ किया। वर्ष 1839 में ईश्वर चन्द्र जी ने सफलता पूर्वक अपनी क़ानून की पढ़ाई संपन्न की। वर्ष 1841 में मात्र इक्कीस वर्ष की आयु में उन्होंने संस्कृत के शिक्षक के रूप में 'फ़ोर्ट विलियम कॉलेज' में पढ़ाना शुरू कर दिया। पाँच साल बाद 'फ़ोर्ट विलियम कॉलेज' छोड़ने के पश्चात् ईश्वर चन्द्र विद्यासागर जी 'संस्कृत कॉलेज' में सहायक सचिव नियुक्त हुए। पहले ही वर्ष उन्होंने शिक्षा पद्धति को सुधारने के लिए अपनी सिफारिशें प्रशासन को प्रेषित कर दीं। लेकिन उनकी रिपोर्ट ने उनके और तत्कालीन कॉलेज सचिव रसोमय दत्ता के बीच विवाद उत्पन्न कर दिया, जिसके कारण से उन्हें कॉलेज छोड़ना पड़ा। लेकिन 1849 में ईश्वर चन्द्र विद्यासागर जी को साहित्य के प्रोफ़ेसर के रूप में 'संस्कृत कॉलेज' से एक बार फिर जुड़ना पड़ा। इसके बाद 1851 में वह इस कॉलेज के प्राधानचार्य नियुक्त किए गए, लेकिन रसोमय

दत्ता के अत्यधिक हस्तक्षेप के कारण ईश्वर चन्द्र विद्यासागर को 'संस्कृत कॉलेज' से त्यागपत्र देना पड़ा, जिसके बाद वह प्रधान लिपिक के तौर पर दोबारा 'फ़ोर्ट विलियम कॉलेज' में नियुक्त हुए।

अपने समाज सुधार योगदान के अंतर्गत ईश्वर चन्द्र विद्यासागर जी ने देशी भाषा और लड़कियों की शिक्षा के लिए विद्यालयों की एक श्रृंखला के साथ ही कलकत्ता में 'मेट्रोपॉलिटन कॉलेज' की स्थापना भी की। उन्होंने इन स्कूलों को चलाने में आने वाले खर्च का बीड़ा उठाया और अपनी बंगाली में लिखी गई किताबों, जिन्हें विशेष रूप से स्कूली बच्चों के लिए ही लिखा गया था, की बिक्री से फंड अर्जित किया। ये किताबें हमेशा बच्चों के लिए महत्त्वपूर्ण रहीं। जब विद्यासागर जी कलकत्ता के संस्कृत कॉलेज के प्रधानाचार्य बनाये गए, तब उन्होंने कॉलेज सभी जाति के छात्रों के लिए खोल दिया।

जिन दिनों महिर्षि दयानन्द सरस्वती जी बंगाल में प्रवास पर थे, तब ईश्वरचन्द्र जी ने उनके विचारों को सुना। आप स्वामी जी से अत्यधिक प्रभावित हुए। उन दिनों बंगाल में विधवा नारियों की स्थिति अच्छी नहीं थी। बाल-विवाह और बीमारी के कारण बाल विधवाओं का शेष जीवन बहुत कष्ट और उपेक्षा में बीतता था। ऐसे में ईश्वरचन्द्र जी ने नारी उत्थान के लिए प्रयास करने का संकल्प लिया।

ये उनके अनवरत प्रचार का ही नतीजा था कि 'विधवा पुनर्विवाह

क़ानून-1856' आखिरकार पारित हो सका। उन्होंने इसे अपने जीवन की एक महत्त्वपूर्ण उपलब्धि माना था। विद्यासागर जी ने अपने इकलौते पुत्र का विवाह भी एक विधवा से ही किया। उन्होंने 'बहुपत्नी प्रथा' और 'बाल विवाह' के विरुद्ध भी संघर्ष छेड़ा।

ईश्वर चन्द्र विद्यासागर की विनम्रता एवं संस्कारशीलता की प्रशंसा सर्वत्र होती थी। यही नहीं देशभक्ति की भावना भी उनमें आत्मा की गहराई तक विद्यमान थी। इसी कारण से वे सभी की श्रद्धा के पात्र बने रहते।

उनसे सम्बन्धित कुछ प्रेरक प्रसंग इस प्रकार हैं–

बात उन दिनों की है जब ईश्वरचन्द्र विद्यासागर 'संस्कृत कॉलेज' के आचार्य थे। एक बार विद्यासागर जी किसी कार्य से 'प्रेसीडेंट कॉलेज' के अंग्रेज आचार्य कैर से मिलने गए। जब विद्यासागर जी ने कैर के कमरे में प्रवेश किया तो उनका स्वागत करना तो दूर, कैर जूते पहने मेज पर पैर फैलाए बैठा रहा। ईश्वर चन्द्र विद्यासागर को ये सब बड़ा अप्रिय लगा, किंतु वे चुपचाप इस अपमान को सहन कर गए और आवश्यक चर्चा कर वापस लौट आए। इस घटना के कुछ दिनों बाद किसी काम से कैर भी विद्यासागर के कॉलेज आया। उन्हें देखकर विद्यासागर जी ने चप्पलों सहित अपने पैर उठाकर मेज पर फैला लिए और आराम से कुर्सी पर बैठे रहे। उन्होंने कैर से बैठने के लिए भी नहीं कहा। कैर ने उनके इस व्यवहार की शिकायत लिखित रूप से शिक्षा परिषद के सचिव डॉ. मुआट से की। तब डॉ. मुआट कैर को लेकर विद्यासागर के पास गए और उनसे कारण पूछा। इस पर विद्यासागर जी ने कहा– 'हम भारतीय अंग्रेजों से ही यूरोपीय शिष्टाचार सीखते हैं। जब मैं इनसे मिलने गया था तो ये इसी तरह बैठे थे। मैंने इसे यूरोपीय शिष्टाचार समझा और इसका अनुसरण किया। इन्हें नाराज करने का मेरा कोई

इरादा नहीं था।' कैर ने शर्मिंदा होकर विद्यासागर जी से क्षमा माँगी।

एक बार ईश्वर चन्द्र विद्यासागर को इंग्लैंड में एक सभा की अध्यक्षता करनी थी। उनके बारे में यह चर्चा व ख्याति थी कि उनका प्रत्येक कार्य घड़ी की सुई के साथ पूर्ण होता है अर्थात् वे समय के बहुत ही पाबंद थे। वे लोगों से भी यही अपेक्षा रखते थे कि वे अपना कार्य समय पर करें। विद्यासागर जी जब निश्चित समय पर सभा भवन पहुँचे, तो उन्होंने देखा कि लोग सभा भवन के बाहर घूम रहे हैं और कोई भी अंदर नहीं बैठा है। जब उन्होंने इसका कारण पूछा, तो उन्हें बताया गया कि सफाई कर्मचारियों के न आने के कारण अभी भवन की सफाई नहीं हुई है। यह सुनते ही विद्यासागर जी ने एक क्षण भी बिना गँवाए झाड़ू उठा ली और सफाई कार्य प्रारम्भ कर दिया। उन्हें ऐसा करते देख उपस्थित लोगों ने भी कार्य शुरू कर दिया। देखते ही देखते सभा भवन की सफाई हो गई और सारा फ़र्नीचर यथास्थान लगा दिया गया। जब सभा आरंभ हुई तो ईश्वर चन्द्र विद्यासागर बोले- 'कोई व्यक्ति हो अथवा राष्ट्र, उसे स्वावलंबी होना चाहिए। अभी आप लोगों ने देखा कि एक-दो व्यक्तियों के न आने से हम सभी परेशान हो रहे थे। संभव है कि उन व्यक्तियों तक इस कार्य की सूचना न पहुँची हो या फिर किसी विशेष परिस्थिति के कारण वे यहाँ न पहुँच सके हों। क्या ऐसी दशा में आज का कार्यक्रम स्थगित कर दिया जाता? यदि ऐसा होता तो कितने व्यक्तियों का आज का श्रम और समय व्यर्थ हो जाता। सार यह है कि प्रत्येक व्यक्ति को स्वावलंबी होना चाहिए और समय और परिस्थितियों के अनुसार किसी भी कार्य को करने में संकोच नहीं करना चाहिए।'

यह प्रसंग ब्रिटिश हुकूमत से जुड़ा है। बंगाल में नील की खेती करने वाले अंग्रेजों, जिन्हें 'नील साहब' या 'निलहे साहब' भी कहा जाता था, के अत्याचार बहुत बढ़ गये थे। लोगों का जीवन नरक बन गया

था। इसी जुल्म के विरुद्ध कहीं-कहीं आवाजें भी उठने लगी थीं। ऐसी ही एक आवाज को कलकत्ता रंगमंच के कुछ युवा कलाकार बुलंदी की ओर ले जाने की कोशिश में थे। ये कलाकार अपने नाटकों के द्वारा अंग्रेजों की बर्बरता का मंचन लोगों के बीच कर विरोध प्रदर्शित करते रहते थे। ऐसे ही एक मंचन के दौरान इन युवकों ने ईश्वर चन्द्र

विद्यासागर जी को भी आमंत्रित किया। उनकी उपस्थिति में युवकों ने इतना सजीव अभिनय प्रस्तुत किया कि दर्शकों के रोंगटे खड़े हो गये। विशेषकर निलहे साहब की भूमिका निभाने वाले युवक ने तो अपने चरित्र में प्राण डाल दिये थे। अभिनय इतना सजीव था कि विद्यासागर जी भी अपने पर काबू नहीं रख सके और उन्होंने अपने पैर से चप्पल निकाल कर उस अभिनेता पर दे मारी। सारा सदन भौचक्का रह गया। उस अभिनेता ने विद्यासागर जी के पाँव पकड़ लिए और कहा कि मेरा जीवन धन्य हो गया। इस पुरस्कार ने मेरे अभिनय को सार्थक कर दिया। आपके इस प्रहार ने निलहों के साथ-साथ हमारी गुलामी पर भी प्रहार किया है। विद्यासागर जी ने उठ कर युवक को गले से लगा लिया। सारे सदन की आँखें अश्रुपूरित थीं।

विद्यासागर जी ने आर्थिक संकटों का सामना करते हुए भी अपनी उच्च पारिवारिक परम्पराओं को अक्षुण्ण बनाए रखा था। संकट के समय में भी वह कभी अपने सत्य के मार्ग से नहीं डिगे। उनके जीवन से जुड़े अनेक प्रेरक प्रसंग आज भी युवा वर्ग को प्रेरणा प्रदान करते हैं।

अपनी सहनशीलता, सादगी तथा देशभक्ति के लिए प्रसिद्ध और एक शिक्षाशास्त्री के रूप में विशिष्ट योगदान करने वाले ईश्वर चन्द्र विद्यासागर जी का निधन 29 जुलाई, 1891 को कोलकाता में हुआ।

विद्यासागर जी से जुड़े अनेकानेक समाज को नई दिशा देने वाले प्रेरक और प्रेरणाप्रद उदाहरण हैं। जिन्हें अपने जीवन में अपनाकर हम समाज और राष्ट्र की सेवा कर धन्य हो सकते हैं। ऐसे महान महापुरुष को हमारा शत-शत-नमन और वंदन।

•

5

महान देशभक्त क्रांतिकारी दुर्गा भाभीजी

आइए जानते हैं भारत वर्ष की गौरव महान क्रांतिकारी दुर्गा भाभीजी के नाम से विख्यात महिला कौन थीं।

दुर्गा भाभीजी भारत के स्वतंत्रता संग्राम में क्रांतिकारियों की प्रमुख सहयोगी थीं। 18 दिसम्बर 1928 को शहीद भगत सिंह ने इन्हीं दुर्गा भाभीजी के साथ वेश बदल कर कलकत्ता-मेल से यात्रा की थी। दुर्गा भाभी क्रांतिकारी भगवती चरण बोहरा की धर्मपत्नी थीं।'

दुर्गा भाभीजी (दुर्गावती देवी) का जन्म 7 अक्टूबर 1902 को शहजादपुर ग्राम अब कौशाम्बी जिला उत्तर प्रदेश में पंडित बाँके बिहारी जी के यहाँ हुआ। इनके पिता इलाहाबाद कलेक्ट्रेट में नाजिर के पद पर कार्यरत थे। इनके दादा पं॰ शिवशंकर जी शहजादपुर में जमींदार थे, जो बचपन से ही दुर्गा भाभी के लिए सदैव समर्पित रहकर

पूरा ध्यान रखते थे।

ग्यारह वर्ष की अल्प आयु में ही इनका विवाह लाहौर के भगवती चरण बोहरा के साथ हो गया। इनके ससुर शिवचरण जी रेलवे में ऊँचे पद पर तैनात थे। अंग्रेज सरकार ने उन्हें राय साहब का खिताब दिया था। भगवती चरण बोहरा जमींदार का पुत्र होने के बावजूद अंग्रेजों की दासता से देश को मुक्त कराना चाहते थे। वे क्रांतिकारी संगठन के प्रचार सचिव थे। वर्ष 1920 में पिताजी की मृत्यु के पश्चात भगवती चरण वोहरा खुलकर देश को स्वतंत्रता दिलवाने के लिए क्रांतिकारी संगठनों में सम्मिलित हो गए और उनकी पत्नी दुर्गावती देवी उर्फ दुर्गा भाभी जी ने भी पूर्ण रूप से सहयोग किया। सन् 1923 में भगवती चरण वोहरा ने नेशनल कालेज बीए की परीक्षा उत्तीर्ण की और दुर्गा भाभी ने प्रभाकर की डिग्री हासिल की। दुर्गा भाभी जी का मायका व ससुराल दोनों ही पक्ष संपन्न था। ससुर शिवचरण जी ने दुर्गा भाभी को 40 हजार व पिता बांके बिहारी ने पाँच हजार रुपये संकट के दिनों में काम आने के लिए दिए थे लेकिन इस दंपती ने इस धन का उपयोग क्रांतिकारियों के साथ मिलकर देश को स्वतंत्र कराने में उपयोग किया। मार्च 1926 में भगवती चरण वोहरा व भगत सिंह ने संयुक्त रूप से नौजवान भारत सभा का प्रारूप तैयार किया और रामचंद्र कपूर के साथ मिलकर इसकी स्थापना की। सैकड़ों नौजवानों ने देश को आजाद कराने के लिए अपने प्राणों का बलिदान वेदी पर चढ़ाने की शपथ ली। भगत सिंह व भगवती चरण वोहरा सहित सदस्यों ने अपने रक्त से प्रतिज्ञा पत्र पर हस्ताक्षर किए। 28 मई 1930 को रावी नदी के तट पर साथियों के साथ बम बनाने के बाद परीक्षण करते समय वोहरा जी शहीद हो गए। उनके शहीद होने के बावजूद दुर्गा भाभी जी साथी क्रांतिकारियों के साथ सक्रिय रहीं।

9 अक्टूबर 1930 को दुर्गा भाभी ने गवर्नर हैली पर गोली चला दी थी, जिसमें गवर्नर हैली तो बच गया लेकिन सैनिक अधिकारी टेलर घायल हो गया। मुंबई के पुलिस कमिश्नर को भी दुर्गा भाभी ने गोली मारी थी, जिसके परिणाम स्वरूप अंग्रेज पुलिस इनके पीछे पड़ गई। मुंबई के एक फ्लैट से दुर्गा भाभी व साथी यशपाल को गिरफ्तार कर लिया गया। दुर्गा भाभी का काम साथी क्रांतिकारियों के लिए राजस्थान से पिस्तौल लाकर देना था। चंद्रशेखर आजाद ने अंग्रेजों से लड़ते समय जिस पिस्तौल से खुद को गोली मारी थी उसे दुर्गा भाभी ने ही उनको लाकर दी थी। उस समय भी दुर्गा भाभी उनके साथ ही थीं। उन्होंने पिस्तौल चलाने की ट्रेनिंग लाहौर व कानपुर में ली थी।

भगत सिंह व बटुकेश्वर दत्त जब केंद्रीय असेंबली में बम फेंकने जाने लगे, तब दुर्गा भाभी व सुशीला मोहन ने अपने हाथों को घायल कर अपने रक्त से दोनों को तिलक लगाकर विदा किया था। असेंबली में बम फेंकने के बाद इन लोगों को गिरफ्तार कर लिया गया तथा फाँसी की सजा दे दी गई।

साथी क्रांतिकारियों के शहीद हो जाने के बाद दुर्गा भाभी एकदम अकेली पड़ गईं। वह अपने पाँच वर्षीय पुत्र शचींद्र को शिक्षा दिलाने की व्यवस्था करने के उद्देश्य से वह साहस कर दिल्ली पहुँच गईं। जहाँ पर पुलिस उन्हें बराबर परेशान करती रही। दुर्गा भाभी उसके

बाद दिल्ली से लाहौर चली गईं, जहाँ पुलिस द्वारा उनको गिरफ्तार कर लिया और तीन वर्ष तक नजरबंद रखा। फरारी, गिरफ्तारी व रिहाई का यह सिलसिला 1931 से 1935 तक चलता रहा। अंत में लाहौर से जिलाबदर किए जाने के बाद 1935 में गाजियाबाद में प्यारेलाल कन्या विद्यालय में अध्यापिका की नौकरी करने लगीं और कुछ समय बाद पुनः दिल्ली चली आईं। वहाँ कांग्रेस में सम्मिलित होकर काम करने लगीं। कांग्रेस का जीवन रास न आने के कारण उन्होंने 1937 में कांग्रेस पार्टी को छोड़ दिया। 1939 में इन्होंने मद्रास जाकर मारिया मांटेसरी से मांटेसरी पद्धति का प्रशिक्षण लिया तथा 1940 में लखनऊ में कैंट रोड के (नजीराबाद) एक निजी मकान में सिर्फ पाँच बच्चों के साथ मांटेसरी विद्यालय खोला। आज भी यह विद्यालय लखनऊ में मांटेसरी इंटर कालेज के नाम से जाना जाता है। 14 अक्टूबर 1999 को गाजियाबाद में अंतिम श्वास लेकर इस संसार से शांति से विदा लेकर पंचतत्व में विलीन हो गईं।

ऐसी महान महिला क्रांतिकारी हम भारतवासियों के लिए प्रणम्य और प्रेरणा स्रोत हैं, जिन्होंने देश को आजाद कराने में महत्त्वपूर्ण योगदान दिया। आज देश में जिस तरह हम गंदी राजनीति, भेदभाव और भ्रष्टाचार आदि देखते हैं तो लगता है कि हमने महान क्रांतिकारियों को पूरी तरह भुला दिया है। जिन्होंने अपना सर्वस्व न्योछावर कर सर्वोच्च बलिदान दिए। ऐसी महान महिला क्रांतिकारी दुर्गा भाभी जी

को शत-शत-नमन और वंदन।

शत - शत- नमन और वंदन
देवी दुर्गा चरणों में।
बलिदानों को भूल न जाएँ
खुशबू फैली वर्णों में।
भारतवासी स्वार्थ से उठकर
करें काम देश हित में
आजादी को व्यर्थ न खोएँ,
आस्तीन के सर्प गणों में।।

6

महान स्वतंत्रता सेनानी, पत्रकार, लेखक, समाजसेवी गणेश शंकर विद्यार्थी जी

गणेश शंकर विद्यार्थी जी एक निडर और निष्पक्ष पत्रकार, समाज-सेवी और स्वतंत्रता सेनानी थे। भारत के स्वतंत्रता आन्दोलन के इतिहास में उनका नाम अजर-अमर है। गणेशशंकर विद्यार्थी एक ऐसे पत्रकार थे, जिन्होंने अपनी लेखनी की ताकत से भारत में अंग्रेजी शासन की नींद उड़ा दी थी। इन महान स्वतंत्रता सेनानी ने कलम और वाणी के साथ-साथ

महात्मा गांधी के अहिंसावादी विचारों और क्रांतिकारियों को समान रूप से समर्थन और सहयोग दिया। अपने छोटे से जीवन-काल में उन्होंने उत्पीड़न क्रूर व्यवस्था के विरुद्ध अपनी आवाज आत्मविश्वास के साथ उठाई। उन्होंने उत्पीड़न और अन्याय के खिलाफ में हमेशा आवाज बुलंद करते रहे अन्याय करने वाला चाहे नौकरशाह, जमींदार, पूंजीपति या उच्च जाति का कोई इंसान रहा हो।

विद्यार्थी जी का प्रारंभिक जीवन

गणेशशंकर 'विद्यार्थी' का जन्म 26 अक्टूबर 1890 को इलाहाबाद के अतरसुइया मुहल्ले में एक कायस्थ परिवार में हुआ था। इनके पिता का नाम जयनारायण था, जो हथगाँव, (जिला फतेहपुर, उत्तर प्रदेश) के निवासी थे। उनके पिता सरल, सहज और धार्मिक प्रवृत्ति

पर चलने वाले सच्चे इंसान थे। वे ग्वालियर रियासत में मुंगावली के एक स्कूल में हेडमास्टर थे। गणेश जी का बाल्यकाल वहीं बीता तथा प्रारंभिक शिक्षा-दीक्षा भी वहीं हुई। उनकी पढ़ाई की शुरुआत उर्दू से हुई और 1905 ई. में उन्होंने भेलसा से अँगरेजी मिडिल परीक्षा पास की। उन्होंने सन 1907 में प्राइवेट परीक्षार्थी के रूप में एंट्रेंस परीक्षा पास की और आगे की पढ़ाई के लिए इलाहाबाद के कायस्थ पाठशाला में दाखिला लिया। लगभग इसी समय से उनका झुकाव पत्रकारिता की ओर झुकाव हुआ और प्रसिद्ध लेखक पंडित सुन्दर लाल के साथ उनके हिंदी साप्ताहिक 'कर्मयोगी' के संपादन में सहायता करने लगे। आर्थिक स्थिति ठीक न होने के कारण लगभग एक वर्ष तक अध्ययन के बाद सन 1908 में उन्होंने कानपुर के करेंसी आफिस में 30 रु. माहवार की नौकरी की, पर एक अंग्रेज अधिकारी से वाद विवाद हो जाने के कारण नौकरी छोड़ कानपुर के पृथ्वीनाथ हाई स्कूल में सन 1910 तक अध्यापन का कार्य किया। इसी दौरान उन्होंने सरस्वती, कर्मयोगी, स्वराज्य (उर्दू) तथा हितवार्ता जैसे प्रकाशनों में लेख लिखे।

पत्रकारिता, राजनैतिक और देश के लिए समर्पित जीवन

गणेश शंकर विद्यार्थी जी का मन पत्रकारिता और सामाजिक कार्यों में रमता था, इसलिए वे अपने जीवन के आरम्भ में ही स्वाधीनता आन्दोलन से जुड़े। जल्द ही वे 'कर्मयोगी' और 'स्वराज्य' जैसे क्रन्तिकारी पत्रों से जुड़ते गए और इनमें अपने लेख भी लिखने लगे। उन्होंने 'विद्यार्थी' उपनाम अपनाया और इसी नाम से लिखने लगे। कुछ समय बाद उन्होंने हिंदी पत्रकारिता जगत के अगुआ पंडित महाबीर प्रसाद द्विवेदी का ध्यान अपनी ओर आकर्षित किया, जिन्होंने विद्यार्थी जी को सन 1911 में अपनी साहित्यिक पत्रिका 'सरस्वती' में

उप-संपादक के पद पर कार्य करने का प्रस्ताव दिया। लेकिन विद्यार्थी जी की रुचि सम - सामयिक विषयों और राजनीति में ही अधिक थी, इसलिए उन्होंने हिंदी साप्ताहिकी 'अभ्युदय' में नौकरी कर ली।

सन 1913 में विद्यार्थी कानपुर वापस लौट गए और एक क्रांतिकारी पत्रकार और स्वाधीनता कर्मी के तौर पर अपना व्यवसाय प्रारंभ किया। उन्होंने क्रन्तिकारी पत्रिका 'प्रताप' की स्थापना की और उत्पीड़न और अन्याय के खिलाफ आवाज बुलंद किया। प्रताप के माध्यम से उन्होंने पीड़ित किसानों, मिल मजदूरों और दबे-कुचले गरीबों के दुखों को उजागर किया। अपने क्रांतिकारी पत्रिकारिता के कारण उन्हें बहुत कष्ट झेलने पड़े। क्रूर अंग्रेज सरकार द्वारा उनपर कई मुक़दमे किये, भरी जुर्माना लगाया और कई बार गिरफ्तार करके जेल भी भेजती रही।

सन 1916 में महात्मा गाँधी से उनकी पहली मुलाकात हुई, जिसके बाद उन्होंने अपने आप को पूर्णतया स्वाधीनता आन्दोलन में समर्पित कर दिया। उन्होंने सन 1917-18 में 'होम रूल' आन्दोलन में अग्रणी भूमिका निभाई और कानपुर में कपड़ा मिल मजदूरों की पहली हड़ताल का नेतृत्व किया। सन 1920 में उन्होंने प्रताप का दैनिक संस्करण आरम्भ किया और उसी साल उन्हें राय बरेली के किसानों के हितों की लड़ाई करने के लिए 2 साल की कठोर कारावास की सजा हुई। सन 1922 में विद्यार्थी जी जेल से रिहा हुए पर सरकार ने उन्हें भड़काऊ भाषण देने के आरोप में फिर गिरफ्तार कर जेल में डाल दिया। सन 1924 में उन्हें रिहा कर दिया गया। जेल में रहने के कारण उनका स्वास्थ्य बहुत बिगड़ गया था, फिर भी वे कांग्रेस के कानपुर अधिवेशन (1925) की तैयारी में पूरी लगन के साथ जुट गए।

सन 1925 में कांग्रेस के राज्य विधानसभा चुनावों में भाग लेने

के फैसले के बाद गणेश शंकर विद्यार्थी जी कानपुर से यू.पी. विधानसभा के लिए चुने गए और सन 1929 में त्यागपत्र दे दिया। क्योंकि कांग्रेस ने विधान सभाओं को छोड़ने का फैसला ले लिया था।

सन 1929 में ही उन्हें यू.पी. कांग्रेस समिति का अध्यक्ष चुना गया और यू.पी. में सत्याग्रह आन्दोलन के नेतृत्व की जिम्मेदारी भी सौंपी गयी। सन 1930 में उन्हें गिरफ्तार कर एक बार फिर जेल भेज दिया गया, जिसके बाद उनकी रिहाई गाँधी-इरविन पैक्ट के बाद 9 मार्च 1931 को हुई।

मार्च 1931 में कानपुर में भयंकर हिन्दू-मुस्लिम दंगे हुए, जिसमें हजारों लोग मारे गए। गणेश शंकर विद्यार्थी जी ने आताताईयों के बीच जाकर हजारों लोगों को बचाया, पर स्वयं एक ऐसी ही हिंसक भीड़ में बुरी तरह फँस गए, जिसने उनकी बेरहमी से हत्या कर दी। एक ऐसा देवदूत जिसने हजारों लोगों की जाने बचायी थीं, स्वयं धार्मिक उन्माद की भेंट चढ़कर राष्ट्र के लिए बलिदान हो गए।

ऐसे महान स्वतंत्रता सेनानी, लेखक, कवि, समाजसेवी, पत्रकार आज भी हम सबके लिए प्रेरणा स्रोत हैं। भारत माता को ऐसे महान सपूत पर आज भी गर्व है।

शत - शत - नमन।

7

महान गुरु योद्धा गोविंद सिंह के शिष्य महान योद्धा बलिदानी बंदा बैरागी जी

आइए हम सब भारतवासी जानें कि महान देशभक्त बंदा बैरागी जी कौन थे। विशेषतः बच्चों और युवा पीढ़ी को उनके बारे में अवश्य जानना चाहिए। देश के वामपंथी विचारधारा वाले इतिहासकारों ने उनके बलिदान की सच्चाई नहीं कही। खास उल्लेख भी नहीं किया। उन्होंने हिन्दू सिख धर्म को बचाने की खातिर अपने अपने शरीर का कतरा - कतरा बलिदान कर दिया, लेकिन दूसरा विधर्म नहीं अपनाया। जिनके पूर्वजों ने यह अपना लिया था, वह हम सब भारतवासी देख ही रहे हैं। मुगल साम्राज्य के शासकों ने देश के आम नागरिकों का तलवार की नोक या लालच देकर धर्मपरिवर्तन कराया और एकछत्र सत्ता के लिए कितने अत्याचार किए। वह बंदा बैरागी जी के जीवन से हमको उदाहरण स्वरूप झलक मिल जाएगी।

बन्दा बैरागी जी का जन्म 27 अक्टूबर 1670 ई.को ग्राम तच्छल किला, पुंछ राजोरी जम्मू कश्मीर में श्री रामदेव जी के घर में हुआ। उनका बचपन का नाम लक्ष्मणदास था। युवावस्था में शिकार खेलते समय उन्होंने एक गर्भवती हिरणी पर तीर चला दिया। इससे उसके पेट से दो शिशु निकले और वह तड़पकर वहीं मर गए। यह देखकर उनका मन खिन्न हो गया। उन्होंने अपना नाम बदलकर माधोदास रख लिया और घर छोड़कर तीर्थयात्रा पर चल दिये। अनेक साधुओं से योग साधना सीखी और फिर नान्देड़ महाराष्ट्र में कुटिया बनाकर रहने लगे।

इसी दौरान गुरु गोविन्द सिंह जी माधोदास की कुटिया में पधारे। अपने चारों पुत्रों के बलिदानों की चर्चा कर बताया। उन्होंने इस कठिन समय में माधोदास से वैराग्य छोड़कर देश में व्याप्त मुस्लिम शासकों के आतंक से जूझने के लिए प्रेरणा दी। इस भेंट से माधोदास का जीवन बदल गया। गुरुजी ने उन्हें बन्दा सिंह बहादुर नाम दिया। फिर पाँच तीर, एक निशान साहिब, एक नगाड़ा और एक हुक्मनामा देकर दोनों छोटे पुत्रों को दीवार में चिनवाने वाले सर हिन्द के नवाब से बदला लेने को कहा।

बंदा बैरागी ने हजारों सिख सैनिकों को साथ लेकर पंजाब की ओर चल दिये। उन्होंने सबसे पहले श्री गुरु तेगबहादुर जी का शीश काटने वाले जल्लाद जलालुद्दीन का सिर काटा। फिर सरहिन्द के नवाब वजीरखान का वध किया। जिन हिन्दू राजाओं ने मुगलों का साथ दिया था, बन्दा बहादुर ने उन्हें भी नहीं छोड़ा। इससे चारों ओर उनके नाम की धूम मच गयी।

1707 ई 3 मार्च को सबसे क्रूर मुगल शासक औरंगजेब तीन माह तक खंजर लगे घाव से तड़पता रहा था। बाद में उसकी मृत्यु हो गई थी और उसे मारने वाले थे वीर योद्धा बुंदेला छत्रसाल।

उसकी मृत्यु के बाद उसका पुत्र बहादुर शाह शासक बना। बहादुर शाह से बंदा बैरागी जी से निरंतर युद्ध करते रहे। उसे सबक सिखाते रहे। 1712 में उसकी भी मौत हो गई। फिर मुगल शासक बना बहादुर शाह का भतीजा फ़र्रुखसियर।

मुगल शासक फर्रुखसियर ने कश्मीर के सूबेदार अब्दुल समद खां को बंदा सिंह बहादुर के पकड़ने जिम्मा सौंपा। समद खां युद्ध करते - करते काफी गुस्से में था।

बंदा बैरागी अर्थात बंदा सिंह बहादुर अपनी सैनिकों के साथ-साथ डेरा डाले हुए थे। उसे किसी तरह खबर लग गई कि वे नांगल गाँव के किले में मौजूद हैं। उसने नांगल किले पर आक्रमण कर दिया।

वह बंदा बैरागी को घेरने में सफल रहा। आठ माह तक युद्ध चलता रहा। वह निरंतर उस किले को घेरे रहा। जिससे भूखमरी फैल गई। आखिर में समद खां किले में घुसने में कामयाब रहा और विश्वासघात से 17 दिसम्बर, 1715 को उन्हें पकड़ लिया। उन्हें लोहे के एक पिंजड़े में बन्दकर, हाथी पर लादकर सड़क मार्ग से दिल्ली लाया गया। उनके साथ हजारों सिख भी कैद किये गये थे। इनमें बन्दा जी के वे 740 साथी भी थे, जो प्रारम्भ से ही उनके साथ थे। युद्ध में वीरगति पाए सिखों के सिर काटकर उन्हें भाले की नोक पर टाँगकर दिल्ली लाया गया। रास्ते भर गर्म चिमटों से बन्दा बैरागी का

माँस नोचा जाता रहा।

काजियों ने बन्दा और उनके साथियों को मुसलमान बनने को कहा, पर सभी ने यह प्रस्ताव ठुकरा दिया। दिल्ली में आज जहाँ हार्डिंग लाइब्रेरी है, वहाँ 7 मार्च, 1716 से प्रतिदिन सौ वीरों की हत्या की जाने लगी। एक दरबारी मुहम्मद अमीन ने पूछा, 'तुमने ऐसे बुरे काम क्यों किये, जिससे तुम्हारी यह दुर्दशा हो रही है?'

बन्दा ने सीना फुलाकर सगर्व उत्तर दिया, 'मैं तो प्रजा के पीड़ितों को दण्ड देने के लिए परम पिता परमेश्वर के हाथ का शस्त्र था। क्या तुमने सुना नहीं कि जब संसार में दुष्टों की संख्या बढ़ जाती है, तो वह मेरे जैसे किसी सेवक को धरती पर भेजता है।'

बन्दा जी से पूछा गया कि वे कैसी मौत मरना चाहते हैं? बन्दा

जी ने उत्तर दिया, 'मैं अब मौत से नहीं डरता, क्योंकि यह शरीर ही दुःख का मूल है।' यह सुनकर सब ओर सन्नाटा छा गया। भयभीत करने के लिए उनके पाँच वर्षीय पुत्र अजय सिंह को उनकी गोद में लेटाकर बन्दा के हाथ में छुरा देकर उसको मारने को कहा गया।

बन्दा ने इससे इनकार कर दिया। इस पर जल्लाद ने उस बच्चे के दो टुकड़े कर उसके दिल का माँस बंदा बैरागी जी के मुँह में ठूँस दिया; पर वे तो इन सबसे ऊपर उठ चुके थे। गरम चिमटों से माँस नोचे जाने के कारण उनके शरीर में केवल हड्डियाँ शेष थी। फिर 9 जून, 1716 को उस वीर को हाथी से कुचलवा दिया गया। इस प्रकार बंदा वीर बैरागी अपने नाम के तीनों शब्दों को सार्थक कर बलि पथ पर चल दिये।

बंदा बैरागी जी जैसे महान वीरों ने हमारे देश धर्म की रक्षा के लिए अपने प्राणों का बलिदान कर दिया। उनकी बलिदान से आज की हमारी युवा पीढ़ी अनभिज्ञ है। इस आलेख को पढ़कर भारत का बच्चा - बच्चा बंदा बैरागी के महान बलिदान से प्रेरणा ले सके, ऐसा मुझे विश्वास है। 9 जून को भारतवासी देशभक्त उनके बलिदान दिवस पर श्रद्धा सुमन चढ़ाकर नमन करते हैं। ऐसे वीर योद्धा को हमारा शत - शत नमन।

●

8

महान स्वतन्त्रता सेनानी प्रफुल्ल चाकी जी

प्रफुल्ल चाकी भारत के स्वतन्त्रता सेनानी एवं महान क्रान्तिकारी थे। भारतीय स्वतन्त्रता के क्रान्तिकारी संघर्ष में उनका नाम अत्यन्त सम्मान के साथ लिया जाता है।

प्रारम्भिक जीवन

प्रफुल्ल जी का जन्म 10 दिसंबर 1888 को उत्तरी बंगाल के बोगरा जिला (अब बांग्लादेश में स्थित) के बिहारी गाँव में हुआ था। जब प्रफुल्ल दो वर्ष के थे, तभी उनके पिताजी राजनारायण चाकी का निधन हो गया। उनकी माता स्वर्णमयी देवी ने अत्यन्त कठिनाईयों से प्रफुल्ल जी का पालन-पोषण किया। आपकी प्राथमिक शिक्षा नमुजा जनता प्रसाद इंग्लिश मीडियम स्कूल में हुई। आपके बचपन का मूल नाम बासु था। आप एक अच्छे एथलीट थे, आपको तैराकी, घुड़सवारी और कुश्ती का भी अच्छा शौक था।

विद्यार्थी जीवन में ही प्रफुल्ल जी का परिचय स्वामी महेश्वरानन्द द्वारा स्थापित गुप्त क्रांतिकारी संगठन से हुआ। प्रफुल्ल जी ने स्वामी विवेकानंद के साहित्य का अध्ययन किया और वे उससे बहुत

प्रभावित हुए। अनेक क्रांतिकारियों के विचारों का भी प्रफुल्ल जी ने अध्ययन किया, इससे उनके अन्दर देश को स्वतंत्र कराने की भावना बलवती हो उठी।

बंगाल विभाजन का विरोध

बंगाल विभाजन के समय अनेक लोग इसके विरोध में उठ खड़े हुए। अनेक विद्यार्थियों ने भी इस आन्दोलन में बढ़-चढ़कर भाग लिया। प्रफुल्ल जी ने भी इस आन्दोलन में भाग लिया। वे उस समय रंगपुर जिला स्कूल में कक्षा 9 के छात्र थे। प्रफुल्ल जी को आन्दोलन में भाग लेने के कारण उनके विद्यालय से निकाल दिया गया। इसके बाद प्रफुल्ल जी का सम्पर्क क्रांतिकारियों की युगान्तर पार्टी से हुआ।

बरिन घोष प्रफुल्ल जी को कोलकाता में ले आए और उन्हें जुगंतार पार्टी में शामिल किया गया। उनका पहला काम सर जोसेफ बाम्पफील्ड फुलर को मारना था, जो पूवी बंगाल और असम के नए प्रांत का पहला लेफ्टिनेंट गवर्नर था। हालांकि, किन्हीं कारणोंवश योजना को अमलीजामा नहीं पहनाया जा सका।

किंग्सफोर्ड की हत्या की योजना

उस समय कोलकाता का चीफ प्रेसिडेंसी मजिस्ट्रेट किंग्सफोर्ड क्रांतिकारियों और भारत की स्वतंत्रता चाहनेवाले निर्दोष लोगों को अपमानित करने और उन्हें कठोर दण्ड देने के लिए बहुत बदनाम था। क्रांतिकारियों ने किंग्सफोर्ड को जान से मार डालने का निर्णय लिया। यह कार्य प्रफुल्ल चाकी जी और खुदीराम बोस जी को सौंपा गया। ब्रिटिश सरकार ने किंग्सफोर्ड के प्रति जनता के आक्रोश को भाँप कर उसकी सुरक्षा की दृष्टि से उसे सैशन जज बनाकर मुजफ्फरपुर बिहार भेज दिया गया। दोनों क्रांतिकारी प्रफुल्ल चाकी और खुदीराम बोस उसके पीछे-पीछे मुजफ्फरपुर पहुँच गए। दोनों ने किंग्सफोर्ड की गतिविधियों का बारीकी से अध्ययन किया। इसके बाद 30 अप्रैल

1908 ई० को किंग्सफोर्ड की बग्गी पर यह समझकर बम फेंक दिया गया कि किंग्सफोर्ड बग्गी में सवार है। यह बग्गी यूरोपियन क्लब से बाहर आ रही थी उस समय किंग्सफोर्ड संयोग से उसमें नहीं था, बल्कि बग्घी पर दो यूरोपियन महिलाएँ सवार थीं। वे दोनों इस हमले में मारी गईं।

पुलिस द्वारा घेरने पर स्वयं को गोली मारी

दोनों क्रांतिकारियों ने समझ लिया कि वे किंग्सफोर्ड को मारने में सफल हो गए हैं। वे दोनों घटनास्थल से भाग निकले। वहाँ से भागने के लिए उन्होंने अलग- अलग रास्ते चुने। प्रफुल्ल चाकी ने समस्तीपुर पहुँच कर कपड़े बदले और टिकिट खरीद कर कोलकाता के लिए रेलगाड़ी में बैठ गए। दुर्भाग्य से उसी में अंग्रेजों का वफादार पुलिस का सब इंस्पेक्टर नंदलाल बनर्जी बम फेंकने वाले क्रांतिकारियों का पीछा कर रहा था। जब उसने प्रफुल्ल जी को देखा तो उसे संदेह हुआ। उसने संदिग्ध समझकर प्रफुल्ल चाकी जी को गिरफ्तार करने के उद्देश्य से अगली स्टेशन को सूचना दे दी। स्टेशन पर रेलगाड़ी के रुकते ही प्रफुल्ल जी को पुलिस ने गिरफ्तार करना चाहा, लेकिन वे बचने के लिए दौड़ पड़े। परन्तु जब प्रफुल्ल जी ने देखा कि वे चारों ओर से घिर गए हैं, तो उन्होंने अपनी रिवाल्वर से ही अपने ऊपर गोली चलाकर अपनी इहलीला समाप्त कर ली। यह घटना 1 मई 1908 की बिहार के मोकामा घाट स्टेशन के पास की है। वे उस समय मात्र 19 वर्ष के थे। प्रफुल्ल चाकी जी की मृत्यु के बाद पुलिस उपनिरीक्षक एनएन बनर्जी ने चाकी का सिर काट कर उसे सबूत के तौर पर मुजफ्फरपुर की अदालत में पेश किया था। यह अंग्रेज शासन की जघन्यतम घटनाओं में सम्मिलित है। खुदीराम बोष को बाद में गिरफ्तार किया गया था और उन्हें फांसी दे दी गई थी।

कालीचरण घोष ने अपने प्रसिद्ध ग्रंथ 'रोल ऑफ आनर' में

प्रफुल्ल कुमार चाकी का विवरण अन्य प्रकार से दिया है। उनके अनुसार प्रफुल्ल चाकी ने खुदीराम बोस के साथ किंग्सफोर्ड से बदला लेते समय अपना नाम दिनेश चंद्र राय रखा था। घटना के बाद जब उन्होंने अपने हाथों अपने प्राण ले लिए थे, इसी कारण तत्काल उनकी पहचान नहीं हो सकी।

इस घटना पर जिन्हें हम राष्ट्रपिता कहते हैं उन्होंने इस बम काण्ड की कठोर शब्दों में निंदा कर दोनों बिट्रिश महिलाओं की मृत्यु पर शोक संवेदना व्यक्त करते हुए कहा था कि हिंसा से आजादी नहीं मिल सकती।

दूसरी ओर श्री बाल गंगाधर तिलक जी ने इस घटना पर क्रांतिकारियों की पीठ ठोककर प्रशंसा की थी और मराठी समाचार पत्र केसरी में समाचार प्रकाशित कर देश को स्वतंत्र कराने का आह्वान किया था। इस समाचार को प्रकाशित करने पर उन्हें देशद्रोह की धाराएं लगाकर गिरफ्तार कर लिया गया था।

स्वतंत्रता का इतिहास कहता है कि जिस नंद लाल बनर्जी उप निरीक्षक ने प्रफुल्ल जी का सिर काट कर अदालत में पेश किया था, उसे भारत के सपूत शिरीष पाल और रानेन गांगुली ने मौत के घाट उतार कर बदला लिया था।

आज भी हम ऐसे क्रांतिकारियों का जीवन चरित पढ़ते हैं तो हमारे रौंगटे खड़े हो जाते हैं और आँखें भीग जाती हैं। ऐसे वीर बलिदानियों ने देश की आजादी के लिए अपना सर्वस्व न्योछावर कर दिया। आज के किशोरों और युवा पीढ़ी को ऐसे क्रांतिकारियों से सीख और शिक्षा लेते हुए देश के लिए निष्ठा और ईमानदारी से अपने कर्तव्यों का निर्वहन कर देश की सेवा करने का संकल्प लेना चाहिए। बल्कि हम सभी को ही प्रेरणा लेकर देशहित में कार्य करने चाहिए।

●

9

महान स्वतंत्रता सेनानी, क्रांतिकारी लाला हरदयाल जी

लाला हरदयाल भारतीय स्वतन्त्रता संग्राम के उन अग्रणी क्रान्तिकारियों में से थे, जिन्होंने विदेश में रहने वाले भारतीयों को देश की आजादी की लड़ाई में योगदान के लिये प्रेरित व प्रोत्साहित किया। इसके लिये उन्होंने अमरीका में जाकर गदर पार्टी की स्थापना की। वहाँ उन्होंने प्रवासी भारतीयों के बीच देशभक्ति की भावना जागृत की। उनके सरल जीवन और बौद्धिक कौशल ने प्रथम विश्व युद्ध के समय ब्रिटिश साम्राज्यवाद के विरुद्ध लड़ने के लिए कनाडा और अमेरिका में रहने वाले हजारों प्रवासी भारतीयों को प्रेरित किया।

लाला हरदयाल का जन्म 14 अक्टूबर 1884 को दिल्ली में गुरुद्वारा शीशगंज के पीछे स्थित चीराखाना मुहल्ले में एक कायस्थ परिवार में हुआ था। उनकी माता भोली रानी ने तुलसीकृत रामचरितमानस एवं वीर पूजा के पाठ पढ़ा कर उनमें देश के प्रति उदात्त भावना,

शक्ति एवं सौन्दर्य बुद्धि का संचार किया। उर्दू तथा फारसी के पण्डित पिता गौरीदयाल माथुर दिल्ली के जिला न्यायालय में रीडर थे। उन्होंने अपने बेटे को शिक्षा के प्रति प्रेरित किया। 17 वर्ष की आयु में सुन्दर रानी नाम की अत्यन्त रूपसी कन्या से उनका विवाह हुआ। दो वर्ष बाद उन दोनों को एक पुत्र की प्राप्ति हुई, किन्तु कुछ दिनों बाद ही उसकी मृत्यु हो गयी। सन् 1908 में उनकी दूसरी सन्तान एक पुत्री पैदा हुई। लाला जी बहुत कम उम्र में ही आर्य समाज से प्रभावित हो चुके थे।

लाला हरदयाल जी की आरम्भिक शिक्षा कैम्ब्रिज मिशन स्कूल में हुई। इसके बाद सेंट स्टीफेंस कालेज, दिल्ली से संस्कृत में स्नातक किया। तत्पश्चात् पंजाब विश्वविद्यालय, लाहौर से संस्कृत में ही एम०ए० किया। इस परीक्षा में उन्हें इतने अंक प्राप्त हुए थे कि सरकार की ओर से 200 पौण्ड की छात्रवृत्ति प्रदान की गयी। हरदयाल जी उस छात्रवृत्ति के सहारे आगे पढ़ने के लिये लन्दन चले गये और सन् 1905 में आक्सफोर्ड विश्वविद्यालय में प्रवेश लिया। वहाँ उन्होंने दो छात्रवृत्तियाँ और प्राप्त कीं। हरदयाल जी की यह विशेषता थी कि वे एक समय में पाँच कार्य एक साथ कर लेते थे। 12 घंटे का नोटिस देकर इनके सहपाठी मित्र इनसे शेक्सपियर का कोई भी नाटक मुँहजुबानी सुन लिया करते थे।

इसके पहले ही वे मास्टर अमीरचन्द की गुप्त क्रान्तिकारी संस्था के सदस्य बन चुके थे। उन दिनों लन्दन में श्यामजी कृष्ण वर्मा भी रहते थे, जिन्होंने देशभक्ति का प्रचार करने के लिये वहीं इण्डिया हाउस की स्थापना की हुई थी। इतिहास के अध्ययन के परिणामस्वरूप अंग्रेजी शिक्षा पद्धति को पाप समझकर सन् 1907 में 'भाड़ में जाये आई०सी०एस०' कह कर उन्होंने आक्सफोर्ड विश्वविद्यालय तत्काल छोड़ दिया और लन्दन में देशभक्त समाज स्थापित कर असहयोग

आन्दोलन का प्रचार करने लगे, जिसका विचार गान्धी जी को काफी देर बाद सन् 1920 में आया। भारत को स्वतन्त्र करने के लिये लाला जी की यह योजना थी कि जनता में राष्ट्रीय भावना जगाने के पश्चात् पहले सरकार की कड़ी आलोचना की जाये, फिर युद्ध की तैयारी की जाये, तभी कोई ठोस परिणाम मिल सकता है, अन्यथा नहीं। कुछ दिनों विदेश में रहने के बाद 1908 में वे भारत वापस लौट आये।

बात उन दिनों की है जब लाहौर में युवाओं के मनोरंजन के लिये एक ही क्लब हुआ करता था, जिसका नाम था यंग मैन क्रिश्चयन एसोसियेशन या 'वाईएम्सीए'। उस समय लाला हरदयाल लाहौर में एम० ए० कर रहे थे। संयोग से उनकी क्लब के सचिव से किसी बात को लेकर तीखी बहस हो गयी। लाला जी ने आव देखा न ताव, तुरन्त ही 'वाई एम् सी ए' के समानान्तर यंग मैन इण्डिया एसोसियेशन की स्थापना कर डाली। लाला जी के कालेज में मोहम्मद अल्लामा इक़बाल भी प्रोफेसर थे, जो वहाँ दर्शनशास्त्र पढ़ाते थे। उन दोनों के बीच अच्छी मित्रता थी। जब लाला जी ने प्रो॰ इकबाल से एसोसियेशन के उद्घाटन समारोह की अध्यक्षता करने को कहा तो वह सहर्ष तैयार हो गये। इस समारोह में इकबाल ने अपनी प्रसिद्ध रचना 'सारे जहाँ से अच्छा हिन्दोस्ताँ हमारा' तरन्नुम में सुनायी थी। ऐसा शायद पहली बार हुआ कि किसी समारोह के अध्यक्ष ने अपने अध्यक्षीय भाषण के स्थान पर कोई तराना गाया हो। इस छोटी लेकिन जोश भरी रचना का श्रोताओं पर इतना गहरा प्रभाव हुआ कि इक़बाल को समारोह के आरम्भ और समापन- दोनों ही अवसरों पर ये गीत सुनाना पड़ा।

उन्होंने पूना जाकर लोकमान्य बाल गंगाधर तिलक से भेंट की। उसके बाद फिर न जाने क्या हुआ कि उन्होंने पटियाला पहुँच कर गौतम बुद्ध के समान सन्यास ले लिया। शिष्य-मण्डली के सम्मुख लगातार 3 सप्ताह तक संसार के क्रान्तिकारियों के जीवन का

विवेचन किया। तत्पश्चात् लाहौर के अंग्रेजी दैनिक पंजाबी का सम्पादन करने लगे। लाला जी के आलस्य-त्याग, अहंकार-शून्यता, सरलता, विद्धत्ता, भाषा पर आधिपत्य, बुद्धिप्रखरता, राष्ट्रभक्ति का ओज तथा दूसरों के दुख में संवेदनशीलता जैसे असाधारण गुणों के कारण कोई भी व्यक्ति एक बार उनका दर्शन करते ही मुग्ध हो जाता था। वे अपने सभी निजी पत्र हिन्दी में ही लिखते थे, किन्तु दक्षिण भारत के भक्तों को सदैव संस्कृत में उत्तर देते थे। लाला जी बहुधा यह बात कहा करते थे- 'अंग्रेजी शिक्षा पद्धति से राष्ट्रीय चरित्र तो नष्ट होता ही है, राष्ट्रीय जीवन का स्रोत भी विषाक्त हो जाता है। अंग्रेज ईसाइयत के प्रसार द्वारा हमारे दासत्व को स्थायी बना रहे हैं।'

1908 में क्रूर अंग्रेजी सरकार का दमन चक्र चला। लाला जी के आग्नेय प्रवचनों के परिणामस्वरूप विद्यार्थी कॉलेज छोड़ने लगे और सरकारी कर्मचारी अपनी-अपनी नौकरियाँ। भयभीत सरकार इन्हें गिरफ्तार करने की योजना बनाने में जुट गयी। लाला लाजपत राय के परामर्श को शिरोधार्य कर आप फौरन पेरिस चले गये और वहीं रहकर जेनेवा से निकलने वाली मासिक पत्रिका वन्दे मातरम् का सम्पादन करने लगे। गोपाल कृष्ण गोखले जैसे उदारवादियों की आलोचना अपने लेखों में खुल कर किया करते थे। महान क्रांतिकारी मदनलाल ढींगरा के सम्बन्ध में उन्होंने एक लेख में लिखा था - 'इस अमर वीर के शब्दों एवं कृत्यों पर सदियों तक विचार किया जायेगा, जो मृत्यु से नव-वधू के समान प्यार करता था।' मदनलाल ढींगरा जी ने फाँसी दिए जाने से पूर्व कहा था - 'मेरे राष्ट्र का अपमान परमात्मा का अपमान है और यह अपमान मैं कभी बर्दाश्त नहीं कर सकता था अतः मैं जो कुछ कर सकता था, वही मैंने किया। मुझे अपने किये पर जरा भी पश्चात्ताप नहीं है।'

लाला हरदयाल ने पेरिस को अपना प्रचार-केन्द्र बनाना चाहा

था, किन्तु वहाँ पर इनके रहने खाने का प्रबन्ध प्रवासी भारतीय देशभक्त न कर सके। विवश होकर वे सन् 1910 में पहले अल्जीरिया गये बाद में एकान्तवास हेतु एक अन्य स्थान खोज लिया और लामार्तनीक द्वीप में जाकर महात्मा बुद्ध के समान तप करने लगे। परन्तु वहाँ भी अधिक दिनों तक न रह सके और भाई परमानन्द के अनुरोध पर हिन्दू संस्कृति के प्रचारार्थ अमरीका चले गये। तत्पश्चात् होनोलूलू के समुद्र तट पर एक गुफा में रहकर आदि शंकराचार्य, काण्ट, हीगल व कार्ल मार्क्स आदि का अध्ययन करने लगे। भाई परमानन्द के कहने पर इन्होंने कैलिफोर्निया विश्वविद्यालय में हिन्दू दर्शन पर कई व्याख्यान दिए। अमरीकी बुद्धिजीवी इन्हें हिन्दू संत, ऋषि एवं स्वतन्त्रता सेनानी कहा करते थे। आप 1912 में स्टेनफोर्ड विश्वविद्यालय में हिन्दू दर्शन तथा संस्कृत के ऑनरेरी प्रोफेसर नियुक्त हुए। वहीं रहते हुए आपने गदर पत्रिका निकालनी प्रारम्भ की। पत्रिका ने अपना रँग दिखाना प्रारम्भ ही किया था कि जर्मनी और इंग्लैण्ड में भयंकर युद्ध छिड़ गया। लाला जी ने विदेश में रह रहे सिक्खों को स्वदेश लौटने के लिये प्रेरित किया। इसके लिये वे स्थान-स्थान पर जाकर प्रवासी भारतीय सिक्खों में ओजस्वी व्याख्यान दिया करते थे। आपके उन व्याख्यानों के प्रभाव से ही लगभग दस हजार पंजाबी सिक्ख भारत लौटे। कितने ही रास्ते में गोली से उड़ा दिये गये। जिन्होंने भी देश के लिए स्वतंत्रता के लिए प्रदर्शन किया, वे सूली पर चढ़ा दिये गये। लाला हरदयाल ने उधर अमरीका में और भाई परमानन्द ने इधर भारत में क्रान्ति की अग्नि को प्रचण्ड किया। जिसका परिणाम यह हुआ कि दोनों ही गिरफ्तार कर लिये गये। भाई परमानन्द को पहले फाँसी का दण्ड सुनाया गया, बाद में उसे काला पानी की सजा में बदल दिया गया, परन्तु हरदयाल जी अपने बुद्धि-कौशल्य से अचानक स्विट्ज़रलैण्ड खिसक गये और जर्मनी के

साथ मिल कर भारत को स्वतन्त्र करने के यत्न करने लगे। महायुद्ध के उत्तर भाग में जब जर्मनी हारने लगा, तो लाला जी वहाँ से चुपचाप स्वीडन चले गये। उन्होंने वहाँ की भाषा आनन-फानन में सीख ली और स्विस भाषा में ही इतिहास, संगीत, दर्शन आदि पर व्याख्यान देने लगे। उस समय तक वे विश्व की तेरह भाषाएं पूरी तरह सीख चुके थे।

लाला जी को सन् 1927 में भारत लाने के सारे प्रयास जब असफल हो गये तो उन्होंने इंग्लैण्ड में ही रहने का मन बनाया और वहीं रहते हुए डॉक्ट्रिन्स ऑफ बोधिसत्व नामक शोधपूर्ण पुस्तक लिखी, जिस पर उन्हें लंदन विश्वविद्यालय ने पीएच०डी० की उपाधि प्रदान की। बाद में लन्दन से ही उनकी कालजयी कृति 'हिंट्स फार सेल्फ कल्चर' प्रकाशित हुई, जिसे पढ़कर लगता है कि लाला हरदयाल जी की विद्वत्ता अथाह थी। अन्तिम पुस्तक 'ट्वेल्व रिलीजन्स ऐण्ड मॉर्डन लाइफ' में उन्होंने मानवता पर विशेष बल दिया। मानवता को अपना धर्म मान कर उन्होंने लन्दन में ही आधुनिक संस्कृति संस्था भी स्थापित की। तत्कालीन ब्रिटिश भारत की सरकार ने उन्हें सन् 1938 में हिन्दुस्तान लौटने की अनुमति दे दी। अनुमति

मिलते ही उन्होंने स्वदेश लौटकर जीवन को देशोत्थान में लगाने का निश्चय किया।

हिन्दुस्तान के लोग इस बात पर बहस कर रहे थे कि लाला जी स्वदेश आयेंगे भी या नहीं, किन्तु इस देश के दुर्भाग्य से लाला जी के शरीर में अवस्थित उस महान आत्मा ने फिलाडेल्फिया में 4 मार्च 1938 को अपने उस शरीर को स्वयं ही त्याग दिया। लाला जी जीवित रहते हुए भारत नहीं लौट सके। उनकी अकस्मात् मृत्यु ने सभी देशभक्तों को असमंजस में डाल दिया। तरह-तरह की अटकलें लगायी जाने लगीं। परन्तु उनके बचपन के मित्र लाला हनुमन्त सहाय जब तक जीवित रहे बराबर यही कहते रहे कि हरदयाल की मृत्यु स्वाभाविक नहीं थी, उन्हें विष देकर मारा गया।

ऐसे महान स्वतंत्रता सेनानी, क्रांतिकारी, लेखक, पत्रकार, विद्वान को हम शत- शत - नमन नमन और वंदन करते हैं, जिन्होंने देश को स्वतंत्रता दिलवाने के लिए अपना पूरा जीवन समर्पित कर दिया। आज हम सभी को ऐसे महान आत्मा के आदर्शों को अपनाकर देश के हित में कार्य करने चाहिए। देश को कमजोर करने वालों को उचित प्रतिउत्तर देना चाहिए, ताकि वे देश को जातियों, धर्मों में फूट डलवाकर देश को कमजोर नहीं करें।

●

10

महान स्वतंत्रता सेनानी खुदीराम बोस

महान क्रांतिकारी खुदीराम बोस का जन्म 3 दिसंबर 1889 को बंगाल के मिदनापुर जिले के केशपुर पुलिस स्टेशन के अंतर्गत स्थित छोटे से गाँव मोहोबनी (हबीबपुर) में एक कायस्थ परिवार में हुआ था। उनके पिता नेरजोल में तहसीलदार थे।

खुदीराम के जन्म से पहले उनके माता-पिता, त्रैलोक्यनाथ बोस और लक्ष्मीप्रिया देवी के दो बेटे थे, लेकिन दोनों की असमय मृत्यु हो गई। बाद में उनके तीन पुत्रियों ने जन्म लिया। बंगाल में प्रचलित पारंपरिक रीति-रिवाजों के अनुसार खुदीराम को दीर्घायु के कामना के लिए नवजात बच्चे को कम उम्र में मरने से बचाने के प्रयास में, स्थानीय रूप से खुद के नाम से जाना जाने वाला तीन मुट्ठी अनाज के बदले में उसकी सबसे बड़ी बहन को प्रतीकात्मक रूप से बिक्रय किया गया। इस तरह उनका नाम खुदीराम पड़ा।

जब वह छह साल के थे, तब उन्होंने अपनी माँ को खो दिया था। एक साल बाद उनके पिता की मृत्यु हो गई। उनकी बड़ी बहन

अनुरूपा रॉय उन्हें दासपुर थाना क्षेत्र के हटगछा गाँव में अपने घर ले आईं। अनुरुपादेवी के पति अमृतलाल रॉय ने उनका दाखिला तमलुक के हैमिल्टन हाई स्कूल में करा दिया था।

पढ़ाई छोड़ दी

बालक खुदीराम के मन में देश को आजाद कराने की ऐसी लगन लगी कि नौवीं कक्षा के बाद ही पढ़ाई छोड़ दी और स्वदेशी आन्दोलन में कूद पड़े। छात्र जीवन से ही ऐसी लगन मन में लिये इस नौजवान ने हिन्दुस्तान पर अत्याचारी सत्ता चलाने वाले ब्रिटिश साम्राज्य को ध्वस्त करने के संकल्प में अलौकिक धैर्य का परिचय देते हुए पहला बम फेंका और मात्र 19 वें वर्ष में हाथ में भगवद गीता लेकर हँसते-हँसते फाँसी के फन्दे पर चढ़कर इतिहास रच दिया। उनका बलिदान दिवस 11 अगस्त, 1908 है।

रिवोल्यूशनरी पार्टी के सदस्य बने

स्कूल छोड़ने के बाद खुदीराम रिवोल्यूशनरी पार्टी के सदस्य बने और वन्दे मातरम् प्रपत्र वितरित करने में महत्त्वपूर्ण भूमिका निभायी। 1905 में बंगाल के विभाजन (बंग-भंग) के विरोध में चलाये गये आन्दोलन में उन्होंने भी बढ़-चढ़कर भाग लिया।

विदेशी सामान के गोदामों को लगा दी आग

विदेश वस्तुओं का बहिष्कार के चलते मिदनापुर के दुकानदारों को कई बार समझाया कर अनुरोध किया गया कि वे विदेशी सामान न रखें, लेकिन जब उनकी बात का कोई असर होता नहीं दिखा, तब खुदीराम ने उनके गोदामों को जलाकर राख कर दिया।

फरवरी 1906 में मिदनापुर में एक औद्योगिक तथा कृषि प्रदर्शनी लगी हुई थी। प्रदर्शनी देखने के लिये आसपास के प्रान्तों से

सैंकडों लोग आए। बंगाल के प्रसिद्ध क्रान्तिकारी सत्येन्द्रनाथ द्वारा लिखे 'सोनार बांगला' नामक ज्वलंत पत्रक की प्रतियाँ खुदीराम ने इस प्रदर्शनी में बाँटी। एक पुलिस वाले की दृष्टि पत्रक बाँटते हुए पड़ी। वह उन्हें पकडने के लिये भागा। खुदीराम ने इस सिपाही के मुँह पर घूँसा मारा और शेष पत्रक बगल में दबाकर भाग गये। इस प्रकरण में राजद्रोह के आरोप में सरकार ने उन पर अभियोग चलाया, परन्तु गवाही न मिलने के कारण खुदीराम निर्दोष छूट गये।

Khudiram Bose

इतिहासवेत्ता मालती मलिक के अनुसार 28 फरवरी 1906 को खुदीराम बोस गिरफ्तार कर लिये गये, लेकिन वह कैद से भाग निकले। लगभग दो महीने बाद अप्रैल में वह फिर से पकड़े गये। 16 मई 1906 को उन्हें रिहा कर दिया गया।

6 दिसंबर 1907 को खुदीराम ने नारायणगढ़ रेलवे स्टेशन पर बंगाल के गवर्नर की विशेष ट्रेन पर हमला किया, परन्तु गवर्नर बच गया। सन 1908 में उन्होंने दो अंग्रेज अधिकारियों वाट्सन और पैम्फायल्ट फुलर पर बम से हमला किया, लेकिन वह भी बच निकला।

युगांतर संस्था के लिए काम

मिदनापुर में 'युगान्तर' नाम की क्रान्तिकारियों की गुप्त संस्था के माध्यम से खुदीराम क्रान्तिकारी कार्यों तन - मन- धन से जुट चुके

थे। 1905 में लॉर्ड कर्जन ने जब बंगाल का विभाजन किया तो उसके विरोध में भी वह सड़कों पर उतरे। अनेकों भारतीयों को उस समय के कलकत्ता के मॅजिस्ट्रेट किंग्जफोर्ड ने क्रूर दण्ड दिया। अन्य मामलों में भी उसने क्रान्तिकारियों को बहुत कष्ट दिया था। इसके परिणामस्वरूप किंग्जफोर्ड को पदोन्नति देकर मुजफ्फरपुर में सत्र न्यायाधीश के पद पर भेजा गया। 'युगान्तर' समिति कि एक गुप्त बैठक में किंग्जफोर्ड को ही मारने का निश्चय हुआ। इस कार्य हेतु खुदीराम तथा प्रफुल्लकुमार चाकी का चयन किया गया। खुदीराम को एक बम और पिस्तौल दी गयी। प्रफुल्लकुमार को भी एक पिस्तौल दी गयी। मुजफ्फरपुर में आने पर इन दोनों ने सबसे पहले किंग्जफोर्ड के बँगले की निगरानी की। उन्होंने उसकी बग्घी तथा उसके घोडे का रंग पहचान कर लिया। खुदीराम स्वयं किंग्जफोर्ड को उसके कार्यालय में जाकर ठीक से देख भी आए।

किंग्जफोर्ड की बग्घी समझकर बम से हमला

30 अप्रैल 1908 को ये दोनों नियोजित काम के लिये बाहर निकले और किंग्जफोर्ड के बँगले के बाहर घोड़ागाड़ी से उसके आने की राह देखने लगे। बँगले की निगरानी हेतु वहाँ मौजूद पुलिस के गुप्तचरों ने उन्हें हटाना भी चाहा, परन्तु वे दोनों उन्हें समुचित उत्तर देकर वहीं रुके रहे। रात में साढ़े आठ बजे के आसपास क्लब से किंग्जफोर्ड की बग्घी के समान दिखने वाली गाडी आते हुए देखकर खुदीराम गाडी के पीछे भागने लगे। रास्ते में बहुत ही अँधेरा था। गाडी किंग्जफोर्ड के बँगले के सामने आते ही खुदीराम ने अँधेरे में ही आने वाली बग्घी पर निशाना लगाकर जोर से बम फेंका। हिन्दुस्तान में इस पहले बम विस्फोट की आवाज उस रात तीन मील तक सुनाई दी और कुछ दिनों बाद तो उसकी आवाज इंग्लैंड तथा योरोप

में भी सुनी गयी, जब वहाँ इस घटना की खबर ने तहलका मचा दिया। यूँ तो खुदीराम ने किंग्जफोर्ड की गाड़ी समझकर बम फेंका था, परन्तु संयोगवश उस दिन किंग्जफोर्ड थोड़ी देर से क्लब से बाहर आने के कारण बच गया। दैवयोग से गाडियाँ एक जैसी होने के कारण दो यूरोपीय स्त्रियों को अपने प्राण गँवाने पड़े। खुदीराम तथा प्रफुल्लकुमार दोनों ही रातों-रात नंगे पैर भागते हुए गये और 24 मील दूर स्थित वैनी रेलवे स्टेशन पर जाकर ही विश्राम किया।

अंग्रेज पुलिस उनके पीछे लग गयी और वैनी रेलवे स्टेशन पर उन्हें घेर लिया। अपने को पुलिस से घिरा देख प्रफुल्लकुमार चाकी ने खुद को गोली मारकर अपनी शहादत दे दी। जबकि खुदीराम पकड़े गये।

11 अगस्त 1908 को भगवद्गीता हाथ में लेकर खुदीराम धैर्य के साथ खुशी-खुशी फाँसी के फंदे पर चढ़ गये। किंग्जफोर्ड ने घबराकर नौकरी छोड दी और जिन क्रान्तिकारियों को उसने कष्ट दिया था उनके भय से उसकी शीघ्र ही मौत भी हो गयी।

भारत में ख्याति

फाँसी के बाद खुदीराम इतने लोकप्रिय हो गये कि बंगाल के जुलाहे एक खास किस्म की धोती बुनने लगे। इतिहासवेत्ता शिरोल के अनुसार बंगाल के राष्ट्रवादियों के लिये वह वीर शहीद और अनुकरणीय हो गया। विद्यार्थियों तथा अन्य लोगों ने शोक मनाया। कई दिन तक स्कूल कालेज सभी बन्द रहे और नौजवान ऐसी धोती पहनने लगे, जिनकी किनारी पर खुदीराम लिखा होता था।

क्रान्तिवीर खुदीराम बोस का स्मारक बनाने की योजना कानपुर के युवकों ने बनाई और उनके पीछे असंख्य युवक इस स्वतन्त्रता-यज्ञ में आत्मार्पण करने के लिये आगे आये। भारत को आजादी दिलवाने

के लिए अनेकानेक क्रान्तिकारियों ने अपना बलिदान कर दिया।

उनकी शहादत से समूचे देश में देशभक्ति की लहर उमड़ पड़ी थी। उनके साहसिक योगदान को अमर करने के लिए गीत रचे गए और उनका बलिदान लोकगीतों के रूप में मुखरित हुआ। उनके सम्मान में भावपूर्ण गीतों की रचना हुई जिन्हें बंगाल के लोक गायक आज भी गाते हैं।

मात्र उन्नीस वर्ष की उम्र में देश को आजाद कराने के लिए खुदीराम बोस जी ने सर्वोच्च बलिदान दिया, जो हम सब भारतवासियों के लिए स्मरणीय और वंदनीय है। हमें अपनी आजादी की गरिमा को सदैव बनाया रखकर देश के हित में कार्य करते रहना चाहिए।

शत-शत-नमन ऐसे अमर बलिदानी को।

11

महान महिला स्वतंत्रता सेनानी बीनादास जी

महान महिला स्वतंत्रता सेनानी बीना दास जी का जन्म बंगाल के कृष्णानगर में 24 अगस्त 1911 को प्रसिद्ध ब्रह्मसमाजी शिक्षक बेनी माधव दास और समाज सेविका सरला देवी के घर हुआ। बीना जी बचपन से ही क्रांतिकारी स्वाभाव की थीं। उनके पिता माधव दास उस समय के प्रसिद्ध शिक्षक थे और सुभाष चंद्र बोस जैसे नेता भी उनके छात्र रहे थे।

बीना की बड़ी बहन कल्याणी दास भी विख्यात स्वतंत्रता सेनानी रहीं। अपने स्कूल के दिनों से ही दोनों बहनों ने अंग्रेजों के विरुद्ध होने वाली रैलियों और मोर्चों में भाग लेना शुरू कर दिया था। इनकी माता सरला देवी भी सार्वजनिक कार्यों में बहुत रुचि लेती थीं और निराश्रित महिलाओं के लिए उन्होंने 'पुण्याश्रम' नामक संस्था भी बनाई थी।

क्रांतिकारियों की संस्था में सम्मिलित

बीना जी वर्ष 1928 में अपनी स्कूल की शिक्षा के बाद वे छात्री संघ (महिला छात्र संघ) में शामिल हो गयीं। यह संघ ब्राह्मो गर्ल्स स्कूल, विक्टोरिया स्कूल, बेथ्यून कॉलेज, डायोकेसन कॉलेज और स्कॉटिश चर्च कॉलेज में पढ़ने वाली छात्राओं का समूह था। बंगाल में संचालित इस समूह में 100 सदस्य थे, जो भविष्य के लिए क्रांतिकारियों को इसमें भर्ती करते और साथ ही ट्रेनिंग भी देते थे।

संघ में सभी छात्राओं को लाठी, तलवार चलाने के साथ-साथ साइकिल और गाड़ी चलाना भी सिखाया जाता था। इस संघ में शामिल कई छात्राओं ने अपना घर भी छोड़ दिया था और 'पुण्याश्रम' में रहने लगीं, जिसका संचालन बीना की माँ सरला देवी करती थीं। हालांकि, यह छात्रावास बहुत - सी क्रांतिकारी गतिविधियों का गढ़ भी बन गया था। यहाँ के भंडार घर में स्वतंत्रता सेनानियों के लिए हथियार, बम आदि छिपाए जाते थे।

बताया जाता है कि कमला दास ने ही बीना को रिवाल्वर लाकर दी थी। साथ ही वे टिन के बक्सों में बाकी क्रांतिकारियों के लिए बम आदि भी लाती थीं।

साइमन कमीशन का बहिष्कार

कलकत्ता के 'बेथ्युन कॉलेज' में पढ़ते हुए 1928 में साइमन कमीशन के बहिष्कार के समय बीना जी ने अपनी कक्षा की कुछ अन्य छात्राओं के साथ अपने कॉलेज के फाटक पर धरना दिया। वे स्वयंसेवक के रूप में कांग्रेस अधिवेशन में भी सम्मिलित हुईं। इसके बाद वे 'युगांतर' दल के क्रांतिकारियों के सम्पर्क में आईं। उन दिनों क्रांतिकारियों का काम बड़े अंग्रेज अधिकारियों को गोली का निशाना बनाकर यह दिखाना था कि भारतीय उनसे कितनी घृणा करते हैं।

दीक्षांत समारोह में बम फेंका

6 फरवरी, 1932 को बंगाल के गवर्नर स्टेनले जैक्सन को कलकत्ता विश्वविद्यालय के विद्यार्थियों को दीक्षांत समारोह में उपाधियाँ बाँटनी थीं। बीना दास जी को बी.ए. की परीक्षा पूरी करके दीक्षांत समारोह में अपनी डिग्री लेनी थी। उन्होंने अपने साथियों से परामर्श करके तय किया कि डिग्री लेते समय वे दीक्षांत भाषण देने वाले बंगाल के गवर्नर स्टेनले जैक्सन को अपनी गोली का निशाना बनाएंगी।

उन दिनों जैक्सन को 'जैकर्स' के रूप में जाना जाता था और उन्होंने इंग्लैंड की क्रिकेट टीम में अपनी सेवाएँ दी थीं, इसलिए उसका नाम काफ़ी मशहूर था।

जैसे ही जैक्सन ने समारोह में अपना भाषण देना शुरू किया, बीना जी ने भरी सभा में उठ कर गवर्नर पर गोली चला दी। पर बीना का निशाना चूक गया और गोली जैक्सन के कान के पास से होकर गुजर गई। वह भाग्यवश बच गया। गोली की आवाज से सभा में अफरा-तफरी मच गयी।

इसी सभा में में लेफ्टिनेन्ट कर्नल सुहरावदी ने दौड़कर बीना का गला एक हाथ से दबा दिया और दूसरे हाथ से पिस्तोल वाली कलाई पकड़ कर हॉल की छत की तरफ़ कर दी। इसके बावजूद बीना एक के बाद एक गोलियाँ चलाती रहीं। उन्होंने कुल पाँच गोलियाँ चलाईं।

बीना को तुरंत ब्रिटिश पुलिस ने गिरफ्तार कर लिया।

इसके बाद बीना दास जी सभी अखबारों की सुर्खियाँ बन गयीं 'कलकत्ता की ग्रेजुएशन कर रही एक छात्रा ने गवर्नर को मारने का प्रयास किया!'

बीना दास जी पर मुकदमा चलाया गया और उन्हें नौ साल के कठोर कारावास की सजा सुनाई गई। मुकदमे के दौरान उन पर काफी दबाव बनाया गया कि वे अपने साथियों का नाम उगल दें, लेकिन बीना जी टस से मस न हुईं। उन्होंने मुकदमे के दौरान कहा–

"बंगाल के गवर्नर उस सिस्टम का प्रतिनिधित्व करते हैं, जिसने मेरे 30 करोड़ देशवासियों को गुलामी की जंजीरों में जकड़ा हुआ है।"

उन्होंने आगे कहा कि वे गवर्नर की हत्या कर इस सिस्टम को हिला देना चाहती थीं।

सजा मिलने से पहले उन्होंने कलकत्ता हाई कोर्ट में कहा–

"मैं स्वीकार करती हूँ, कि मैंने सीनेट हाउस में अंतिम दीक्षांत समारोह के दिन गवर्नर पर गोली चलाई थी। मैं खुद को इसके लिए पूरी तरह से जिम्मेदार मानती हूँ। अगर मेरी नियति मृत्यु है, तो मैं इसे अर्थपूर्ण बनाना चाहती हूँ, सरकार की उस निरंकुश प्रणाली से लड़ते हुए जिसने मेरे देश और देशवासियों पर अनगिनत अत्याचार किये हैं।"

उनके संस्मरण, 'जीवन अध्याय' में उनकी बहन कल्याणी दास ने लिखा है कि कैसे भाग्य ने दोनों बहनों को फिर से एक साथ ला खड़ा किया था, जब उन्हें भी हिजली कैदखाने में लाकर बंद कर दिया गया था। स्वतंत्रता प्राप्ति के बाद इस स्थान को संग्रहालय में तब्दील कर दिया गया।

मकरंद परांजपे द्वारा लिखे गए इस संस्मरण की एक समीक्षा के अनुसार, बीना अपने साथियों के साथ भूख हड़ताल करके अपनी दर्द

सहने की क्षमता को जाँचतीं थीं। इतना ही नहीं वह कभी जहरीली चींटियों के बिल पर अपना पैर रख देतीं, तो कभी अपनी उँगलियों को जलती लौ पर। और इस तरह देखा जाए तो वे सही मायनों में 'आग से खेलती रहती थीं '!

'कितनी भी मुश्किलें और चुनौतियाँ बीना जी के रास्ते में आई हों, लेकिन उन्होंने स्वतंत्रता के लिए लड़ना नहीं छोड़ा। साल 1937 में प्रान्तों में कांग्रेस सरकार बनने के बाद अन्य राजबंदियों के साथ बीना भी जेल से बाहर आईं। 'भारत छोड़ो आन्दोलन' के समय उन्हें तीन वर्ष के लिये नजरबन्द कर लिया गया था।

नौआखाली यात्रा में सम्मिलित हुई

गांधी जी की नौआखाली यात्रा के समय लोगों के पुनर्वास के काम में बीना जी ने भी आगे बढ़ - चढ़कर हिस्सा लिया था।

1946 से 1951 तक वे बंगाल विधान सभा की सदस्या रहीं।

उन्होंने 1947 में अपने साथी स्वतंत्रता सेनानी ज्योतिष भौमिक से शादी की, लेकिन आजादी की लड़ाई में भाग लेती रहीं। अपने पति की मृत्यु के बाद वे कलकत्ता छोड़कर समाज की नजरों से दूर ऋषिकेश के एक छोटे - से आश्रम में जाकर रहने लगीं थीं। अपना गुजारा करने के लिए उन्होंने शिक्षिका के तौर पर काम किया और सरकार द्वारा दी जाने वाली स्वतंत्रता सेनानी पेंशन को लेने से इंकार कर दिया।

मार्मिक मृत्यु

देश के लिए खुद को समर्पित कर देने वाली इस वीरांगना का अंत बहुत ही दुखदपूर्ण था। महान स्वतंत्रता सेनानी, प्रोफेसर सत्यव्रत घोष ने अपने एक लेख, "फ्लैश बैकः बीना दास रीबोर्न" में उनकी मार्मिक मृत्यु के बारे में लिखा है। उन्होंने कहा—

"उन्होंने सड़क के किनारे अपना जीवन 26 दिसम्बर 1986 को समाप्त किया। उनका मृत शरीर बहुत ही क्षत-विक्षत अवस्था में मिला। रास्ते से गुजरने वाले लोगों ने उनका शव देखा। तब पुलिस को सूचित किया गया और महीनों की तलाश के बाद पता चला कि यह शव बीना दास जी का है। यह दुखद घटना उसी स्वतंत्र भारत में हुआ जिसके लिए इस अग्नि-कन्या ने राष्ट्र के लिए अपना सब कुछ दाँव पर लगा दिया था। देश को इस मार्मिक कहानी को याद रखते हुए, देर से ही सही, लेकिन अपनी इस महान स्वतंत्रता सेनानी को प्रणाम करना चाहिए।"

उनकी बहन कल्याणी भट्टाचटर्जी ने बंगाल स्पीक्स (1944 में प्रकाशित) नामक एक पुस्तक का संपादन किया और उसे उन्होंने अपनी बहन बीना दास जी को समर्पित किया।

बीना दास जी को राष्ट्र के लिए की गई अतुलनीय सेवाओं के लिए 1960 में पद्म श्री पुरस्कार भारत सरकार द्वारा प्रदान किया गया।

बीना दास और प्रीतिलता वद्देदार को ब्रिटिश सरकार द्वारा उनका स्नातक डिग्री को प्रतिबंधित कर दिया गया था। यही प्रमाण पत्र 2012 में 80 वर्ष बाद कलकत्ता विश्वविद्यालय द्वारा मरणोपरांत स्नातक प्रमाणपत्र प्रदान किया गया।

ऐसी महान महिला स्वतंत्रता सेनानी को हमारा शत - शत - नमन। हम सभी को उनके द्वारा किए गए महान कार्यो का श्रद्धा से स्मरण करना चाहिए तथा राष्ट्र के प्रति अपने कर्तव्यों का पालन कर राष्ट्र की सेवा में योगदान देना चाहिए।

●●●

डॉक्टर राकेश 'चक्र' का संक्षिप्त साहित्यिक परिचय

1. रचनाकार का नाम- डॉ राकेश 'चक्र' (अभिलेखों में नाम डॉ. राकेश कुमार गुप्त)
2. जन्मतिथि-14/11/1955 (20 जुलाई 1954 अभिलेखों में)।
3. पिता का नाम-स्व.धीरज लाल जी।
4. माता का नाम-स्व.द्रोपदी देवी जी।
5. पत्नी का नाम-श्रीमती रेनू गुप्ता जी।
6. जन्म स्थान- ग्राम-शाहजहांपुर, पोस्ट-जलाली, जिला अलीगढ़,उत्तर प्रदेश।
7. शिक्षा- एम.ए, एलएलबी, एमडी (एक्यूप्रेशर), डीएटी, योग विशेषज्ञ।
8. कार्यक्षेत्र (क).- सेवानिवृत्त अभिसूचना अधिकारी उत्तर प्रदेश पुलिस 2014।

(ख). वर्तमान में एक्यूप्रेशर आहार-विहार और योगादि द्वारा निःशुल्क चिकित्सा सेवा।

(ग). वृद्धाश्रमों और विद्यालयों आदि में निःशुल्क चिकित्सा सेवा और मोटिवेशनल आख्यान। निःशुल्क योग प्रशिक्षण देना आदि।

9. सृजित विधाएँ-गद्य, पद्य, बाल साहित्य, प्रेरणाप्रद मोटिवेशनल साहित्य, स्वास्थ्य, योग और एक्यूप्रेशर आदि में स्वतंत्र लेखन।

कुल प्रकाशित मौलिक पुस्तकें-- 1. ग्यारह दर्जन लगभग (132)

2. साझा-संग्रह लगभग तीन दर्जन।

प्रकाशित प्रौढ़ पद्य और गद्य मौलिक कृतियाँ तीन दर्जन से अधिक

गीत कृतियाँ

1. चरवाहों का चक्रव्यूह प्रकाशन वर्ष 1998 शिल्पायन प्रकाशन दिल्ली।
2. एकता के साथ हम प्रकाशन वर्ष 2012 यतीन्द्र साहित्य प्रकाशन भीलवाड़ा राजस्थान।
3. धार अपनी खुद बनाना प्रकाशन 2016 साधना पब्लिकेशन दिल्ली पेपरबैक तथा वर्ष 2018 लवकुश सिंह मऊ उत्तर प्रदेश।

4. उजाले के लिए (गीत-नवगीत संग्रह) प्रकाशन 2019 देशराज एंड संस दिल्ली।
5. मुक्त-निर्झर (नवगीत-गीत-मुक्तक संग्रह) प्रकाशन वर्ष 2020,ओम पब्लिशिंग कंपनी दिल्ली।

गजल-संग्रह

1. प्रेम की भाषा ही हिंदुस्तान है प्रकाशन वर्ष 2004 नवचेतन प्रकाशन दिल्ली।
2. मेरी गजलें मेरा प्यार प्रकाशन वर्ष 2015, इंडिया डिजिटल पब्लिशर्स दिल्ली।
3. मेरी प्रिय गजलें प्रकाशन वर्ष 2020 ओम पब्लिशिंग कंपनी दिल्ली (पुरस्कार प्राप्त कृति)

मुक्तछंद कविता-संग्रह

1. मेरे देश की थाती- प्रकाशन वर्ष 2003, निर्मल पब्लिकेशन दिल्ली।
2. बुद्ध की तरह-प्रकाशन वर्ष 2020, केशव बुक्स दिल्ली।
3. क्योंकि तुम ईश्वर हो? उपरोक्तानुसार।

लघुकथा-संग्रह

1. अमावस का अँधेरा-प्रकाशन वर्ष 2004, शब्द सेतु दिल्ली।
2. फर्ज- प्रकाशन वर्ष 2006 प्रियंका प्रकाशन दिल्ली।
3. राकेश चक्र की लघुकथाएँ-प्रकाशन वर्ष 2012 आरके पब्लिशर दिल्ली।
4. वृक्ष और बीज़-प्रकाशन वर्ष 2013 सूर्यप्रभा प्रकाशन दिल्ली।
5. मेरी समकालीन 121 लघुकथाएँ- प्रकाशन वर्ष 2019 विनोद बुक सेंटर दिल्ली।

कहानी-संग्रह

सफर- प्रकाशन वर्ष 2019, साधना एंड सन्स दिल्ली।

कुण्डलिया- संग्रह, दोहा-संग्रह

1. चाचा चक्र के सचगुल्ले- प्रकाशन वर्ष 2013 साधना पब्लिकेशन दिल्ली।
2. श्रीमद्भागवत ग़ीता दोहाभिव्यक्ति (गीता का दोहों में अनुवाद) प्रकाशन वर्ष 2020 जीएस पब्लिशर, डिस्ट्रीब्यूटर दिल्ली।
3. मेरी प्रिय कुण्डलियां प्रकाशन भाग-1 वर्ष 2021, पुष्पांजलि प्रकाशन दिल्ली।
4. मेरी प्रिय कुंडलियाँ भाग-उपरोक्तानुसार।
5. मेरे प्रिय दोहे (भाग-1) उपरोक्तानुसार
6. मेरे प्रिय दोहे (भाग-2) उपरोक्तानुसार

निबंध- संग्रह, यात्रा वृत्तांत, संस्मरण

1. मेरे समकालीन निबंध-प्रकाशन वर्ष 2019 प्रियंका प्रकाशन दिल्ली।
2. पुलिस अपने आईने में- प्रकाशन वर्ष 2019 गोपाल प्रकाशन दिल्ली।
3. भारत के गौरव स्वामी विवेकानंद (प्रकाशन वर्ष 2022 चैन्नई नोशन प्रेस)

4. महत्वपूर्ण यात्रा वृत्तांत प्रकाशन वर्ष 2023, पुष्पांजलि प्रकाशन दिल्ली।
5. मेरी यात्राओं और संस्मरणों का गुलदस्ता, प्रकाशन वर्ष 2023, पुष्पांजलि प्रकाशन दिल्ली।

मोटिवेशनल साहित्य और सूक्तियाँ

1. योग शिक्षा और यौन शिक्षा-प्रकाशन वर्ष 2009,आर के पब्लिशर दिल्ली।
2. आपका जीवन-आपके हाथ-(पुरुस्कृत) प्रकाशन वर्ष 2012 आत्माराम एंड सन्स दिल्ली।
3. सफलता ही सफलता कैसे- प्रकाशन वर्ष 2012 आत्माराम एंड सन्स दिल्ली।
4. जीत आपके हाथ में-प्रकाशन वर्ष 2014 निर्मल पब्लिकेशन दिल्ली।
5. सफलता के 17 सूत्र-प्रकाशन वर्ष 2015 पी एम पब्लिकेशन दिल्ली।
6. सफलता अपनी मुट्ठी में- प्रकाशन वर्ष 2016 सूर्यप्रभा प्रकाशन दिल्ली और ज्योति प्रकाशन सोनीपत।
7. सफलता आपके हाथ में-प्रकाशन वर्ष 2018 समाज शिक्षा संस्थान दिल्ली।
8. सूक्तियाँ, विचार एवं जीवन जीने के अमूल्य टिप्स प्रकाशन वर्ष 2023, ड्रीम बुक सर्विस, दिल्ली।
9. मनुष्य जीवन सर्वश्रेष्ठ (योग, अध्यात्म, स्वास्थ्य आदि पर प्रेरणाप्रद आलेख) प्रकाशन वर्ष 2023, पुष्पांजलि प्रकाशन दिल्ली।

स्वास्थ्य योग और एक्युप्रेशर पुस्तकें

1. स्वास्थ्य का रहस्य, पर्यावरण और हम, वर्ष 2009, आर के पब्लिशर्स दिल्ली।
2. आपका स्वास्थ्य आपके हाथ-2015 स्वास्तिक प्रकाशन दिल्ली।
3. मस्त रहिए स्वस्थ रहिए- प्रकाशन वर्ष 2016 साधना पब्लिकेशन दिल्ली।
4. मस्त रहें, स्वस्थ रहें-प्रकाशन वर्ष 2015 आरती प्रकाशन लालकुआं उत्तराखंड।
5. मस्त रहें, स्वस्थ रहें- 2018 पंकज सिंह मऊ, उत्तर प्रदेश। आदि, आदि।

प्रकाशित किशोर साहित्य (दो दर्जन से अधिक गद्य और पद्य)

किशोर कथा साहित्य

1. राकेश चक्र की श्रेष्ठ कहानियाँ-प्रकाशन वर्ष 2003 अंगूर प्रकाशन दिल्ली।
2. आजादी के दीवाने- प्रकाशन वर्ष 2004 पीयूष प्रकाशन दिल्ली।
3. तीसरी माँ-प्रकाशन वर्ष 2012, आर्यन प्रकाशन दिल्ली।
4. दी एग्जामिनेशन (अंग्रेजी अनुवाद) 2012 अजय पब्लिकेशन दिल्ली।
5. उत्तरांचल की लोककथाएं, प्रकाशन वर्ष 2014, प्रियंका प्रकाशन दिल्ली।
6. राकेश चक्र की चुनिंदा किशोर कहानियाँ-प्रकाशन वर्ष 2018 पंकज सिंह मऊ उत्तर प्रदेश।

7. लजीज पुलाव (प्रकाशन विभाग भारत सरकार से प्रकाशित दिल्ली) प्रकाशन वर्ष 2018 आदि।

किशोर पद्य साहित्य

1. तुम भारत के वीर हो-प्रकाशन वर्ष 2012, साहित्य चेतना प्रकाशन दिल्ली।
2. मातृभूमि है वीरों की-प्रकाशन वर्ष 2013 दृष्टि प्रकाशन,दिल्ली।
3. देश के नौजवान-प्रकाशन वर्ष 2015 हरे कृष्ण प्रकाशन मुरादाबाद उत्तर प्रदेश।
4. मनभावन किशोर कविताएँ, वर्ष 2022 लवकुश सिंह,मऊ, उत्तर प्रदेश आदि।

अन्य विधा में प्रकाशित किशोर गद्य साहित्य (विश्व की महान विभूतियाँ, मनोविज्ञान, आत्मकथाएं) आदि

1 सपनों को साकार करेंगे (आलेख- संग्रह) प्रकाशन वर्ष 2009, आर के पब्लिकेशन दिल्ली।
2. बाल सपने और हम (आलेख और महापुरुषों की जीवनियाँ)-प्रकाशन वर्ष 2019, आविष्कार प्रकाशन दिल्ली आदि।
3. विश्व एवं भारत की महान विभूतियाँ, प्रकाशन 2023, ड्रीम बुक सर्विस दिल्ली।
4. बाल मनोविज्ञान, परिवार और पर्यावरण (बच्चों, किशोरों के सर्वांगीण विकास का महत्वपूर्ण बाल साहित्य का दस्तावेज) प्रकाशन वर्ष 2023, ड्रीम बुक सर्विस दिल्ली।
5. प्रेरणाप्रद उपयोगी आत्मकथाएं, प्रकाशन 2023, ज्ञान गीता प्रकाशन दिल्ली।

बाल साहित्य की प्रकाशित मौलिक पुस्तकें पाँच दर्जन से अधिक

बाल कहानियों की प्रमुख पुस्तकें :-

1. साक्षरता अनमोल रे-प्रकाशन वर्ष 2002 समीक्षा प्रकाशन दिल्ली।
2. अन्यायी को दंड-प्रकाशन वर्ष 2002 शब्द सृष्टि दिल्ली।
3. अहिंसावादी शेर-प्रकाशन वर्ष 2002 शब्द सृष्टि दिल्ली।
4. बिच्छूवाला दीवान-प्रकाशन वर्ष 2003,उपासना प्रकाशन दिल्ली।
5. बच्चों की मनोरंजक कहानियां-प्रकाशन वर्ष 2010, अग्नि प्रकाशन दिल्ली।
6. चतुराई का पुरस्कार प्रकाशन वर्ष 2011 (नेशनल बुक ट्रस्ट से प्रकाशित हिंदी, उड़िया, तेलगु, पंजाबी आदि में भाषाओं में अनुवाद भारत सरकार, दिल्ली)।
7. गाँव का बेटा प्रकाशन वर्ष 2013 नेशनल बुक ट्रस्ट भारत सरकार दिल्ली। (हिंदी, कश्मीरी आदि भाषाओं में अनुवाद)।
8. रोबोट का आविष्कार-प्रकाशन वर्ष 2014, बैनियन ट्री प्रकाशन दिल्ली।
9. राकेश चक्र की चुनिंदा बाल-कहानियां- प्रकाशन वर्ष 2018, लवकुश सिंह मऊ उत्तर प्रदेश।

10. प्रेरक बाल कहानियाँ-प्रकाशन वर्ष 2019, जनचेतना शिक्षण संस्थान दिल्ली।
11. बच्चों की प्रिय कहानियाँ (नई बाल कहानियाँ) प्रकाशन वर्ष 2023, ज्ञान गीता प्रकाशन दिल्ली।

बालविज्ञान की पुस्तकें

1. पुच्छल तारे-प्रकाशन वर्ष 2006, कुणाल प्रकाशन दिल्ली।
2. क्यों गिरती है बिजली-प्रकाशन वर्ष 2006,आविष्कार प्रकाशन दिल्ली।
3. पैराशूट-उपरोक्त अनुसार।
4. विद्युत तरंगें-प्रकाशन वर्ष 2006, गुरुकुल प्रकाशन, दिल्ली।

बाल उपन्यास की पुस्तकें एवं अन्य उपयोगी पुस्तकें

1. कंजूस गोंतालू-प्रकाशन वर्ष 2005, अमर प्रकाशन गाज़ियाबाद। तथा प्रकाशन वर्ष 2023, पुष्पांजलि प्रकाशन दिल्ली।
2. मिस टी और डी टू-उपरोक्तानुसार।
3. पोस्टकार्ड लिफाफा और दादा जी- उपन्यास, वर्ष 2020, केशव बुक्स दिल्ली।
4. चिट्ठी वाले दिन, उपन्यास प्रकाशन वर्ष 2021पुष्पांजलि प्रकाशन दिल्ली।
5. स्वामी विवेकानंद के प्रेरणाप्रद प्रसंग (2022 नोशन प्रकाशन, चैन्नई)।
6. भारत के महान स्वतंत्रता सेनानी, प्रकाशन 2023 ज्ञान गीता प्रकाशन, दिल्ली।

बालगीत और कविताओं की प्रमुख पुस्तकें

1. एक सौ इक्यावन बाल कविताएं-प्रकाशन वर्ष 2006, कुणाल प्रकाशन दिल्ली।
2. लट्टू-सी ये धरती घूमे-प्रकाशन वर्ष 2010 आत्माराम एंड संन्स, दिल्ली।
3. मातृभूमि है वीरों की- प्रकाशन वर्ष 2011 आत्माराम एंड संन्स दिल्ली।
4. माटी हिंदुस्तान की- प्रकाशन वर्ष 2011, बुक क्राफ्ट पब्लिशर दिल्ली।
5. सूरज, बालक और संसार- प्रकाशन 2012 एवरेस्ट पब्लिशिंग कम्पनी दिल्ली।
6. पशु- पक्षियों के मनोरंजक बाल गीत-प्रकाशन वर्ष 2012,ग्लोबल ऐक्सचेंज पब्लिशर, दिल्ली।
7. मीठी कर लें अपनी बोली- प्रकाशन वर्ष 2014, एक्सप्रेस बुक्स दिल्ली।
8. साफ हवा कर देते पेड़- प्रकाशन वर्ष 2015, हरे कृष्ण प्रकाशन मुरादाबाद।
9. ऊँचा देश उठाएंगे- उपरोक्तानुसार।
10. ता-ता थैया गाएँगे उपरोक्तानुसार।
11. वीर शिवाजी- उपरोक्तानुसार।
12. देश बने सोने की चिड़िया- उपरोक्तानुसार।
13. रिमोट का खेल-प्रकाशन वर्ष 2016, हरे कृष्ण प्रकाशन, मुरादाबाद।
14. कम्प्यूटर ने खेल दिखाया-उपरोक्तानुसार।

15. बंदर, बिल्ली और कौवा- उपरोक्तानुसार।
16. धीरे-धीरे गाना बादल- उपरोक्तानुसार।
17. प्राणों से है प्यारा झण्डा- आरती प्रकाशन लालकुआं, उत्तराखंड।
18. दयानंद ऋषिवर अति प्यारे-प्रकाशन वर्ष 2016 उपरोक्तानुसार।
19. प्रेम के दीप जलाओ रे- उपरोक्तानुसार।
20. प्राणों से है प्यारा झंडा-उपरोक्तानुसार।
21. पूरे हिंदुस्तान से- उपरोक्तानुसार।
22. बाल गुलदस्ता, प्रकाशन वर्ष 2016, हरे कृष्ण प्रकाशन, मुरादाबाद।
23. हम विश्वास जगाएंगे-प्रकाशन वर्ष 2018, समाज शिक्षा संस्थान, दिल्ली।
24. हम आजादी के बच्चे हैं-प्रकाशन वर्ष 2018, लवकुश सिंह मऊ, उत्तर प्रदेश।
25. राकेश चक्र की मनोरंजक शिशु कविताएँ, वर्ष 2019, पंकजसिंह मऊ, उ.प्र.
26. मेरे प्रिय शिशु गीत-प्रकाशन वर्ष 2019, लवकुश सिंह मऊ, उत्तर प्रदेश।
27. गाते अक्षर खुशियों के स्वर-प्रकाशन वर्ष 2020 ज्ञान गीता प्रकाशन, दिल्ली।
28. मेरी प्रिय बाल कविताएं- प्रकाशन वर्ष 2022, लवकुश सिंह मऊ उत्तर प्रदेश।
29. रोचक बाल कविताएं-प्रकाशन वर्ष 2022, उपरोक्तानुसार।
30. मेरी चुनिंदा बाल कविताएं-प्रकाशन वर्ष (2022) उपरोक्तानुसार।
31. ज्ञानवर्धक मनोरंजक बाल कविताएं-प्रकाशन वर्ष (2021) उपरोक्तानुसार।
32. मनभावन पहेलियाँ (2022) ज्ञान गीता प्रकाशन दिल्ली।
33. प्रिय बाल लोरियाँ उपरोक्तानुसार (2022)
34. मेरी प्रिय प्रभातियाँ, (2022) ज्ञान गीता प्रकाशन, दिल्ली।
35. नटखट गिलहरी-प्रकाशन वर्ष (2023) प्रकाशन विभाग, भारत सरकार, दिल्ली।
36. हँसते-हँसते पढ़ें किताब (बाल गीत) वर्ष 2023 पुष्पांजलि प्रकाशन दिल्ली।
37. उड़ने वाला घोड़ा (बाल कविताएँ) उपरोक्तानुसार।

रूम टू इंडिया से प्रकाशित पोस्टर गीत

1. सप्ताह के दिन। 2. कोयल।

विशेष उपलब्धियां

1. दूरदर्शन व आकाशवाणी से निरंतर प्रसारण, भारत की विभिन्न पत्र-पत्रिकाओं में हजारों से अधिक आलेख, कविताएं, गीत, गजल, कहानियां तथा बाल साहित्य की सभी विधाओं में निरंतर प्रकाशन। कई रचनाएँ पुरस्कृत।
2. कई संदर्भ ग्रंथों एवं शोध पत्रों में उल्लेख।

शोध कार्य

1. लखनऊ विश्वविद्यालय से समग्र साहित्य पर शोध कार्य।

2. महात्मा ज्योतिबा फूले रुहेलखंड विश्वविद्यालय द्वारा बाल काव्य पर तीन बार शोध कार्य।

3. कुमाऊँ विश्वविद्यालय से बाल कविताओं पर मानवीय मूल्यपरक शोध

प्रकाशनाधीन पुस्तकें-कई एक : सम्मान और पुरस्कार

भारत सरकार के संस्कृति मंत्रालय द्वारा बाल साहित्य के लिए दिए जाने वाले सर्वोच्च सम्मान श्बाल साहित्य श्री सम्मानश् और उत्तर प्रदेश सरकार के हिंदी संस्थान द्वारा बाल साहित्य की दीर्घकालीन सेवाओं के लिए दिए जाने वाले सर्वोच्च सम्मान श्बाल साहित्य भारतीश् सम्मान सहित छह दर्जन से अधिक प्रतिष्ठित साहित्यिक एवं गैर साहित्यिक संस्थाओं से सम्मानित एवं पुरुस्कृत।

प्रमुख पुरुस्कार एवं सम्मान

1. राज्य कर्मचारी साहित्य संस्थान उत्तर प्रदेश सरकार द्वारा 'सुमित्रानंदन पंत पुरस्कार' 2007।
2. उ. प्र. हिंदी संस्थान द्वारा 'बाबू श्याम सुन्दरदास सर्जना पुरुस्कार' 2012।
3. दिल्ली पब्लिक लाइब्रेरी सरकार द्वारा श्बाल साहित्य श्री सम्मानश् 2017 (डेढ़ लाख की धनराशि सहित)।
4. साहित्य मण्डल श्रीनाथ द्वारा 'श्रीमती कंचनबाई राठी सम्मान' 2018।
5. 'बाल साहित्य श्री सम्मान' उड़ीसा, 2018।
6. उत्तर प्रदेश हिंदी संस्थान द्वारा श्अमृत लाल नागर बाल कथा सम्मानश् 2018।
7. मैं भारत हूँ मुम्बई द्वारा दिया जाने वाला सर्वोच्च सम्मान, 'उत्तर प्रदेश रत्न सम्मान' 2021।
8. उत्तर प्रदेश हिंदी संस्थान द्वारा राष्ट्रीय स्तर पर बाल साहित्य की दीर्घकालीन सेवाओं के लिए दिया जाना सर्वोच्च सम्मान 'बाल साहित्य भारती' (धनराशि ढाई लाख सहित) 2020 आदि।
9. सजलश्री अलंकरण सम्मान-2021 राष्ट्रीय स्तरीय प्रज्ञा सम्मान समारोह फिरोजाबाद, उत्तर प्रदेश।

सम्प्रति :- उत्तर प्रदेश पुलिस के (इंटेलीजेंस विभाग) से सेवानिवृत्त अधिकारी, वर्ष 2014

स्थायी संपर्क-- 90 बी, शिवपुरी, मुरादाबाद- 244001, उत्तर प्रदेश। दूरभाष -9456201857, 8920283791

Email : rakeshchakra00@gmail.com

bloger:-http://rakeshchakra.blogspot.com

❒❒❒